In piazza

Unterrichtswerk für Italienisch

Arbeitsheft 1

Lösungsheft

C.C.Buchner

Lezione 1
Ingresso

E1

ragazzi		ragazze	
nome italiano	nome tedesco	nome italiano	nome tedesco
Paolo	Paul	Chiara	Klara
Michele	Michael	Francesca	Franziska
Andrea	Andreas	Elena	Helene / Helena
Claudio	Klaus	Margherita	Margret / Margarete
Antonio	Anton	Gabriella	Gabriele
Luca	Lukas	Carlotta	Charlotte

T1

E1 1. Christina Bellagio è di Bergamo. Abita a Milano.
2. Giovanni Castrucci è di Palermo. Abita a Napoli.
3. Chiara Belli è di Roma e abita a Roma.
4. Luigi Formenton è di Ancona. Abita a Venezia.
5. Anna-Maria Rossi è di Perugia. Abita a Bologna.
6. Gennaro Di Carlo è di Torino. Abita a Genova.

E2 1. Come ti chiami?
2. Sei di Genova?
3. Di dove sei?
4. Sei italiana?

E3

[k]	[tʃ]	[g]	[dʒ]	[sk]	[ʃ]
Capri	Lecce	Bergamo	Genova	Ischia	Brescia
Lecco	Vicenza	Voghera	Alto Adige	Pescara	Cascina
Ancona	Vercelli	Agrigento	Venezia-Giulia	Ascoli Piceno	Sciacca
Civitavecchia	Civitavecchia		Gela		
Lucca	Ascoli Piceno		Reggio Calabria		
Chieti	Sicilia		Agrigento		
Reggio Calabria			Perugia		

T2

E1 ***Lösung:*** Stracciatella

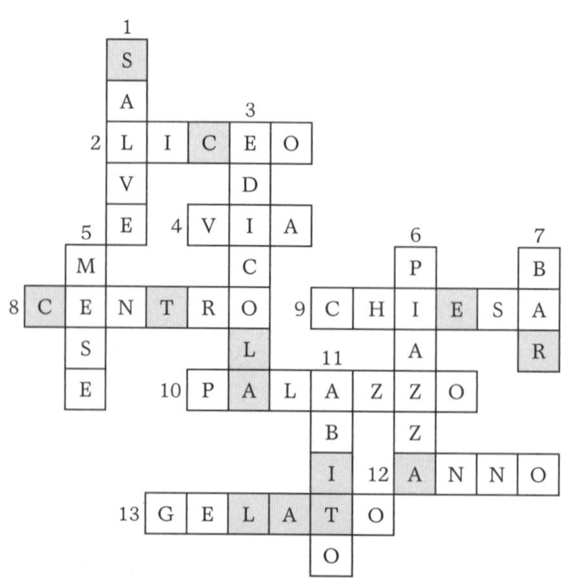

E2 1. l'industria (Gewerbe, Industrie – Betriebsamkeit)
2. la farmacia (Apotheke)
3. l'epoca (Epoche)
4. difficile (schwierig)
5. probabile (wahrscheinlich)
6. il compito (Aufgabe)
7. il carattere (Charakter)
8. la radice (Wurzel – (Wort-)Stamm)
9. la lettera (Brief – Buchstabe) – (pl. le lettere: Literatur)
10. austriaco, -a (österreichisch, Österreicher/in)
11. spingere (schieben, drücken – verleiten (jdn. zu etw.))
12. temere ((be-)fürchten)

E3 1. il Porto Antico; l'Acquario; la Lanterna; il Museo Luzzati; il Duomo; il Palazzo Ducale; lo Stadio "Luigi Ferraris"; il centro storico
2. un ufficio postale; una piazza; una scuola; una farmacia; un'edicola; una gelateria; un liceo; un bar; un cinema; una chiesa

T3

E1 1. le case e i palazzi del centro storico e i negozi eleganti del "Prinzipalmarkt"; 2. gli studenti dell'università; 3. le chiese; 4. gli alberi in piazza Duomo; 5. i musei interessanti; 6. e le biciclette dappertutto.

E2

singolare	plurale
il palazzo	i palazzi
la piazza	le piazze
lo studente	gli studenti
il gelato	i gelati
il mese	i mesi
l'ingresso	gli ingressi
l'amica	le amiche
il cinema	i cinema
il teatro	i teatri
il negozio	i negozi
la città	le città
la banana	le banane
il gusto	i gusti
la scuola	le scuole
l'amico	gli amici

E3

P	T	G	M	C	O	P	L	M	R	D	A	F	V	B
I	R	N	V	E	K	Z	T	A	F	F	D	E	M	O
L	E	E	G	B	C	N	Q	B	L	A	B	M	N	T
M	B	S	S	P	H	B	S	I	V	I	R	N	K	L
T	G	R	N	E	V	N	I	T	S	T	A	L	T	M
M	B	V	C	R	N	Z	A	I	R	T	E	L	O	P
B	C	O	L	U	T	T	M	R	S	E	N	I	C	C
G	F	D	E	P	A	G	O	G	L	T	R	Q	E	M
P	A	T	E	N	Z	U	B	C	H	M	L	I	R	T
L	G	K	F	D	R	E	O	Z	K	A	L	Z	C	R
N	V	E	M	I	P	N	N	O	T	N	Z	Y	A	H
G	S	R	D	S	N	Q	U	M	T	G	D	L	N	T
F	N	R	D	A	S	C	O	L	T	I	A	M	O	B
N	V	D	V	R	E	T	P	E	M	A	T	L	X	G
V	I	G	F	D	I	R	N	A	R	D	E	N	M	R

E4 1. sono – abitano; 2. mangi – mangio; 3. ascoltate – è; 4. parla – parlo; 5. cerchiamo; 6. stanno – sta; 7. paga; 8. facciamo – andiamo; 9. presento – È

E5 Martina è una ragazza tedesca, studia lingue. È a Genova per imparare l'italiano e per incontrare gente simpatica. La città piace molto a Martina perché ci sono le piazze, i negozi, i vicoli del centro. Sta benissimo in Italia! Nel corso d'italiano c'è anche Lucy, una ragazza americana di Chicago. Lucy e Martina insieme visitano i musei, vanno al cinema e fanno sport.

E6

infinito	studiare	**1 dare**	4 essere	9 cercare
io	2 studio	3 do	11 sono	6 cerco
tu	5 studi	7 dai	sei	12 cerchi
lei / lui / Lei	8 studia	13 dà	è	14 cerca
noi	10 studiamo	18 diamo	15 siamo	17 cerchiamo
voi	studiate	date	16 siete	cercate
loro	19 studiano	20 danno	sono	cercano

E7 1. Verisi: 010 13 16 00; 2. Mazzucchetti: 010 5767883;
3. Bianchi: 010 14 12 19 0

E8 1. Il proprietario della gelateria si chiama: Gianluigi.
2. Lui fa tredici gusti diversi, tra cui il caffè, il cioccolato, la stracciatella, la vaniglia e la fragola.
3. La specialità è il cioccolato al peperoncino e lo yogurt.
4. Laura oggi prende la nocciola e l'amarena.
5. Paga un euro e quindici.

E9 1. Andiamo al museo. 2. Aspetti un amico? 3. Visito la città.
4. Che cosa fate? 5. Maria e Luca vengono con noi. 6. Ti presento Marco.
7. Paghiamo due euro. 8. Come vi chiamate?

Kompetenzorientierte Aufgaben

E1 Claudio: Come ti chiami?
lei: Mi chiamo ...
Claudio: Sei italiana?
lei: Sì, sono italiana./No, sono tedesca.
Claudio: Dove abiti?
lei: Abito a ...
Claudio: Parli (anche) (il) tedesco?
lei: No, non parlo (il) tedesco.
Claudio: Perché vai a Roma?
lei: Perché mi piace la città/Roma è bella/ ... / ...

E2 *2.* 1. non si sa; 2. falso: Enzo studia medicina. 3. falso: Non abita con Jürgen ma con Piero. 4. falso: Jürgen non studia a Stoccarda ma a Siena (come Enzo). 5. falso: La casa non è nel centro ma in periferia. 6. vero; 7. non si sa; 8. vero; 9. falso: Alla mensa si mangia male. 10. falso: Franziska non abita a Berlino ma a Monaco.

3. ***Mindestens:*** *Enzo geht es gut. Er studiert jetzt in Siena Medizin und hat schon andere Studenten kennen gelernt, darunter auch einen Deutschen, Jürgen. Die Stadt gefällt ihm. Er wohnt mit einem alten Freund zusammen in einer kleinen Wohnung am Stadtrand.*

Lezione 2

T1

E1 1. l'interesse; 2. la bicicletta; 3. lo sport; 4. pensare; 5. spesso; 6. leggere; 7. la moto; 8. fuori; 9. il libro; 10. telefonare; 11. la chitarra; 12. cucinare

E2 *1.*

Quanti hanni ha?	Ha 19 anni.
Come si chiama?	Si chiama Enrico Salvi.
Che cosa odia?	Odia il mare.
Di dov'è?	È di Firenze.
A che cosa pensa?	Pensa a me!
Dove abita?	Abita a Roma, in via Cernaia 10.
Che cosa ama?	Ama il calcio.

2. Nome: Enrico Salvi
Età: Ha 19 anni.
Interessi: A lui piace il calcio e odia il mare. Ama Cinzia./Pensa a Cinzia.
Indirizzo: Abita a Roma, in via Cernaia 10. Ma è di Firenze.

E3 1. di – degli – del – del – della – dei – delle
2. nella – in – nel – nella – in – in
3. alla – a(d) – al – alle – allo – ai – all'

E4 **Jovanotti**: si chiama – È – Ha – Ama – si chiama – piace – suona
Federico Moccia: si chiama – è – Ha – si chiama – È – si chiamano – piace – Ama – abita

E5

Come ti chiami?	Mi chiamo Laura Pausini.	Mi chiamo Luciano Ligabue.
Quanti anni hai?	Ho 41 anni.	Ho 55 anni.
Di dove sei?	Sono di Faenza.	Sono di Correggio.
Che cosa fai?	Sono una cantante.	Sono un cantante e suono la chitarra.
Che cosa ami? (Che cosa ti piace?)	Amo la musica di Celine Dion e di Mariah Carey.	Mi piace fare i film e la musica rock.

T2

E1 1. il corridoio; 2. il soggiorno; 3. la camera da letto; 4. il bagno; 5. la cucina; 6. il balcone

E2 1. il terrazzo; 2. la sera; 3. già; 4. il gatto; 5. la sorella; 6. la discussione; 7. sotto; 8. tornare

E3

	mettere	avere	potere	essere
io	metto	ho	posso	sono
tu	metti	hai	puoi	sei
lui/lei	mette	ha	può	è
noi	mettiamo	abbiamo	possiamo	siamo
voi	mettete	avete	potete	siete
loro	mettono	hanno	possono	sono

E4 1. Accendi – Scrivo; 2. Prendiamo – posso – lavoro; 3. andiamo – vedere – ho; 4. cucina – piacciono – mangio; 5. telefoni – Potete

E5 moderno, -a – storico, -a; antipatico, -a – simpatico, -a; a destra – a sinistra; molto piccolo, -a – enorme; la sorella – il fratello; ricco, -a – povero, -a; piccolo, -a – grande; sopra – sotto; ordinato, -a – disordinato, -a; odiare – amare; giocare – lavorare

E6 1. divertente; 2. buone; 3. cari; 4. alto; 5. grande; 6. bellissima; 7. piccola – bella; 8. uniche; 9. moderno; 10. enormi

E7 grande – piccolo – bello – poche – piccola – enorme – nuovo – molti – bellissime – bravo – divertente – simpatico – inglese – alta – ottima

E8

la sua casa	il mio libro
il mio ragazzo	il vostro amico
il suo gelato	sua madre
il tuo scooter	la tua chitarra
sua sorella	la nostra amica
la vostra pizza	il loro sport
tuo fratello	suo padre

E9 La mia – la mia – Sua – La sua – suo – Il loro – alla nostra

E10 ***Mögliche Lösungen:***
Dov' è la piccola casa? – La piccola casa è accanto alla grande casa.
Dov'è il ragazzo con la chitarra? – Il ragazzo si trova a destra della grande casa.
Dove sono i ragazzi che giocano a calcio? – I ragazzi sono davanti al mare.
Dov'è il ragazzo con la bicicletta? – Il ragazzo è di fronte alla grande casa.
Dove sono il ragazzo e la ragazza che ballano? – Sulla strada.
Dov'è la ragazza con la pizza? – La ragazza è a destra del ragazzo con il telefonino. È sul terrazzo.
Dov'è la ragazza che ascolta la musica? – La ragazza è a destra del ragazzo con la chitarra.
Dov'e il terrazzo? – Il terrazzo è a sinistra della casa.
Dov'è il gatto? – Il gatto è sulla casa.
Dov'e il cane? – Il cane è accanto alla grande casa.

Kompetenzorientierte Aufgaben

E1 ***Erwartungshorizont:*** *Eine mögliche Antwort könnte folgende Elemente enthalten, aber auch andere bekannte Strukturen können verwendet werden:*

Ciao,

grazie per la tua e-mail.
Mi chiamo .../studio italiano a .../la mia scuola si chiama .../amo .../sono nato/a a.../ho ... anni/ho ... sorelle/fratelli/mi piacciono .../in più amo .../ abito a ... con .../mi piace molto .../vorrei ...

A presto ...

E2 ***Erwartungshorizont:*** *In dieser Aufgabe wird erwartet, dass sich die Schülerinnen und Schüler mit den vier Anzeigen auseinandersetzen und feststellen, dass sich die erste Anzeige zwar an Studenten richtet, der Preis aber ziemlich hoch ist. Die Wohnung in Anzeige zwei ist gut ausgestattet und liegt zentral, ist aber teuer; eine WG ist leider nicht möglich. Die beiden letzten Wohnungen sind am besten geeignet. Angesprochen werden könnten noch die Nichtraucher-Problematik und die Tatsache, dass keine Tiere erlaubt sind, und dass die zweite Wohnung renovierungsbedürftig ist.*

E3 Casa A

Lezione 3

T1

E1 uno scaffale – i miei libri – scrivania – Sulla scrivania – una sedia – un tavolo – una poltrona – tavolo – il televisore – armadio – il mio letto – un tappeto – un poster

E2 a – a – nel – da – nella – sul – nell' – sullo – per – sull' – sotto i – sul – sullo – a – con la

E3 suo – mio – tua – dalla sua – le sue – il suo – i tuoi/i suoi – tua/sua – i nostri/i miei – le sue – la sua – suo – dei loro – nella sua – sua – mia

E4 Dorme – festeggia – apre – è – arriva – dico – Senti – parti – arrivi – ascolta – incontriamo – offriamo – paga – ha – è

E5
1. Chiudi la porta e apri la finestra.
2. Dai, vieni con me.
3. Guarda il mio motorino/il mio scooter.
4. State calmi.
5. Non arrivare in ritardo.
6. Sta'/Stai zitto, per favore.
7. Accendi il computer, per favore.
8. Non mettere in disordine la mia camera.

E6 ***Lösungsvorschlag:***
1. I consigli di Giulia per Gioia:
   Diventa più attiva! Fa' uno sport come il ballo! Incontra amici! Esci più spesso! Ridi più spesso! Non essere troppo seria!
2. I consigli di Gioia per Giulia:
   Non uscire ogni sera! Rimani a casa più spesso e leggi un libro!
   Cerca uno sport tranquillo come lo yoga! Invece di arrabbiarti sta'/stai tranquilla! Ascolta musica classica!

E7 ***Lösungsvorschlag:***
Sii puntale! – Non parlare con il vicino di banco durante la lezione! – Ascolta attentamente quello che dicono gli altri! – Fa'/ Fai sempre i compiti! – Chiedi se non capisci! – Aiuta quelli che hanno bisogno! – Partecipi ai lavori di gruppo!

T2

E1 puoi – Devo – posso – posso – devi – Devo – dobbiamo – puoi – può – devono – deve – posso – possiamo

E2 parli – senti – sentite – aiutate – aiuta – metti – metto – vengo – viene – accende – accendono – abitano – abitiamo – stiamo – sto – posso – puoi – esci – uscite – vedete – vedo – faccio – fai – dici – diciamo – odiamo – odiano – descrivono – descrivi – apri – aprite – visitate – visitano – dormono – dorme – deve – dobbiamo – veniamo – vengo – finisco – finite – preferite – preferisci – hai – hanno – sono – è

E3 I – del – in – sono – molto – diversi – Al – primo – abita – con il suo – è – una – sente – dimentica – abitano – i loro – ragazzi di – terzo – vivono – sua – tranquillo – odia – A – piace – legge – riesce – a – del – apre – comincia – abbassano – sentono – dice – stai/sta' – tranquillo – sono – giovani – gridare – Fai/Fa' – al – faccio – va – in – fa – porta – Al – quarto – abita – un' – giovane – va – a – in – esce – rientra – di – con – amici – preferisce – vanno – a – guardano – al – fanno – c'è – del – ha – inglese – lavora – Sa – l'italiano – l'inglese – il francese – suo – viene – Al – c'è – il – da – Una – all' – danno – s'incontrano – mangiano – offre – fanno – festeggia – contento

E4 1. I figli dei vicini che sono molto simpatici sono anche molto rumorosi.
2. La camera di Filippo che si trova accanto alla cucina è molto caotica.
3. Lo studio del padre che ha tanti scaffali pieni di libri è molto grande.
4. La nonna che abita nell'appartamento sopra di noi fa le torte buone.
5. Mario lavora al ristorante che si trova al pianterreno.
6. Il letto che è molto comodo è accanto all'armadio.
7. Le sorelle di Mario che fanno tanto sport sono molto attive.
8. Il signor Carlucci che è molto anziano ha un cane che abbaia sempre.

Kompetenzorientierte Aufgaben

E1 *1.* 1. signor Costamagna
2. studente
3. Treviso
4. È falso, ma cerca una stanza.
5. piccola
6. 200 € al mese
7. accanto all'università; in centro
8. È vero.

2. 1. Si chiamano Zanardi e Costamagna.
2. Il signor Zanardi vuole affittare una camera.
3. Il signor Zanardi è uno studente. È di Treviso. Tra poco comincia a studiare a Urbino.
Il signor Costamagna ha un figlio. Affitta delle camera a studenti.
4. La casa si trova nel centro storico, vicino all'università.
5. Nell'appartamento c'è una camera per gli ospiti che è libera. Accanto alla camera c'è un bagno.
6. Prima di affittare la camera, il signor Zanardi vuole parlare con i suoi genitori e richiamare la sera.

E2 *Beispieltext (mindestens):*

Stefano: Ciao! Io sono Stefano, sono il nuovo vicino. Abito al terzo piano, in una mansarda.
Sibilla: Ah, piacere. Io sono Sibilla Cicero. Abito al primo piano, sopra la panetteria. Oggi festeggio il mio compleanno.
Stefano: Tanti auguri! Quanti anni hai allora?
Sibilla: Ho 17 anni. E tu?
Stefano: Ho 18 anni, un anno più di te.
Sibilla: E abiti da solo?
Stefano: Sì. Sono qui per studiare. E tu abiti con la tua famiglia?
Sibilla: Sì. Abito con i miei genitori Luigi e Maria e con il mio fratello Simone che ha 12 anni.
Stefano: Scusa, ma adesso viene un mio amico ad aiutarmi. Dobbiamo ancora portare il divano, l'armadio, due sedie, la scrivania e uno scaffale nel mio appartamento. Cerco ancora un letto. Conosci qualcuno che vende uno?
Sibilla: Sì, per caso i miei genitori vogliono vendere il loro letto perché comprano uno nuovo. Perché non vieni dopo a parlare con loro? Se ancora non conosci bene la città possiamo uscire insieme una sera. Ti faccio vedere un bar bello.
Stefano: Che bella idea! Vengo stasera a casa tua allora. Grazie!
Sibilla: Figurati! A più tardi!

E3 ***Beispieltext (mindestens):***

Caro Leonardo,
la mia città si chiama x (*hier Städtenamen eintragen*) ed è bellissima perché ci sono tanti posti belli da visitare, per esempio... (*hier Sehenswürdigkeiten/ Besonderheiten der eigenen Stadt aufführen.*) Ma vicino ci sono anche altre città da visitare. Conosci ... (*hier bekannte Städte in der näheren Umgebung aufführen*)?
Io abito proprio in centro/in periferia. Abito con la mia famiglia, cioè mia madre/mio padre/mio fratello/mia sorella ... La mia camera è grande/piccola e/ma luminosa/un po' buia. Quando vieni, dormi con me nella mia camera. C'è un divano grande./Quando vieni, dormi nella camera degli ospiti che è accanto alla mia camera.
Nel tempo libero mi piace uscire con gli amici/fare lo sport/stare a casa a leggere/a giocare con la playstation ... A te cosa piace?
Sono contento/a che ci vediamo presto!
Tanti saluti ed a presto,
...

E4 *Text in Anlehnung an obigen (E 3). Präzisere Angaben zur Wohnung (wie Adresse, Mitbewohner, Zimmer, etc.) sowie zur näheren Umgebung (Nachbarn, Geschäfte, etc.) sind hier wünschenswert und stehen im Vordergrund.*

E5 ***Beispieltext: Angaben für Laura (L) und Mediatore (M).***

L: Ciao! Mi chiamo Laura, ho 18 anni e sono di Palermo. Vengo a x per studiare/lavorare e cerco una camera.

M: Sei fortunata! Paul cerca una nuova inquilina. Vuole sapere quando vuoi venire in Germania e per quanto tempo ti fermi.

L: Vengo fra due mesi e resto per un anno. Prima faccio un corso di lingua e poi uno stage. A lui cosa piace fare?

M: Dice che ha 20 anni e studia medicina. Gli piace giocare a tennis, incontrare gli amici e suonare la chitarra. A casa è un po' caotico ma vuole migliorarsi. Chiede se tu sei ordinata e paziente.

L: Perfetto! Anch'io amo fare lo sport. Preferisco il ballo però. Inoltre suono pure la chitarra. Mi piace anche leggere e cucinare. Per il caos non si deve preoccupare perché con tre fratelli piccoli ci sono abituata. La camera com'è? È ammobiliata?

M: Sì, ci sono dei mobili come un letto comodo, una scrivania e un armadio. Ci sono anche gli scaffali per i tuoi libri. Paul dice che ci sono anche una cucina grande e due bagni. Poi c'è un soggiorno con TV e in fondo al corridoio c'è un balcone. L'appartamento si trova in un palazzo moderno al terzo piano.

L: Ma che bello! Mi piace tanto che la cucina è grande. E l'appartamento si trova in centro?

M: Paul dice che si trova proprio in centro, con una fermata degli autobus davanti alla porta.

L: Ma sembra proprio ideale! Chiedi a Paul quanto costa!

M: Dice che la camera costa 250 euro al mese. Non è male, eh?

L: D'accordo. Mi può mandare una foto per e-mail? Stasera vi chiamo ancora!

M: Dice che è d'accordo, ma che devi decidere presto perché domani c'è un annuncio sul giornale. Lui dice che sei simpatica. Ha dimenticato dirti che ha un cane che si chiama Rocco. Ti piacciono i cani?
L: Amo i cani! Vado spesso a passeggio con il cane della mia vicina. Ci sentiamo dopo allora!

E6 1. Lea è una buona amica.
2. Se domani fa bel tempo, ...
3. Al mare stiamo bene. (→ avv. = Adverb)
4. Hai un bel dire!
5. Christian è bravo in italiano.

Lezione 4

T1

E1 1. –; 2. Il; 3. Il; 4. –; 5. Il; 6. –; 7. La

E2 *1.* 1. 07:40/19:40; 2. 12.15; 3. 23.50; 4. 3.22/15:22; 5. 01.00; 6. 11.10/23:10

2. 1. È l'una di giorno./Sono le tredici. 2. Sono le tre.
3. Sono le cinque e venticinque del pomeriggio. 4. È mezzanotte.
5. Sono le cinque meno venti. 6. Sono le due e mezzo.

E3 1. Sbrigati!/Muoviti!/Alzati più presto. ...
2. Mettetevi la giacca./Vestitevi bene./Non uscite senza giacca. ...
3. Sbrigati! ...
4. Non metterti questa gonna./Mettiti una gonna più lunga./Non truccarti così./Truccati di meno./Non tornare troppo tardi. ...

E4 sbrigatevi – mi faccio – mi lavo – mi (voglio) truccare – vestiti – svegliati – lavarti – mi incontro – truccati – pettinati – asciugarti – ti pettini – mi incontro – mi riposo – alzati – fatti – asciugati – vi alzate

T2

E1 1. allegro; 2. gennaio; 3. ballare; 4. giorno; 5. il piede; 6. il mondo; 7. riposarsi

E2 Cara – bella – moderna – difficile – simpatici – altri – inglesi – tedesca – danese – austriache – nuova – americano – spagnola – piccola – luminosa – Tanti

E3 tredici – quarantotto – duemilauno – ventinove – quaranta – sessantacinque – ottantotto – centocinquantatré – mille – un milione

E4 *Lösungsvorschlag:*
In Germania si beve molta birra.
In Italia si ama il calcio.
In Svezia si aiutano sempre tutti.
In Polonia si è sempre puntuali.
In Inghilterra si beve il té alle cinque del pomeriggio. ...

E5 Tutti gli - tutti - tutti - Tutti i - tutto il - tutto - Tutte le - tutti i - tutto - tutti - tutti - tutti - tutti - tutti - tutte le - tutto - tutti - tutto - tutti - tutti - tutte le - tutti gli

E6 1. Puoi; 2. Possiamo; 3. possono/sanno; 4. so - posso, 5. Potete; 6. può; 7. sa - sanno; 8. Possono; 9. sai - so; 10. può; 11. sapete

E7 ***Lösungsvorschlag:***
Studente A:
- risponde al telefono e dice che la camera è ancora disponibile.
- chiede se è uno studente o se lavora.
- chiede la provenienza e l'età
- chiede se sa l'inglese e spiega che la coinquilina americana parla solo inglese.
- spiega dove si trova l'appartamento e quanto costa l'affitto mensile.
- spiega inoltre che la connessione ad Internet ha un costo aggiuntivo.
- chiede se vuole già recarsi in giornata a vedere la camera e la casa. Se è interessato può occuparla subito.
- saluta.

Studente B:
- telefona e si presenta.
- spiega da dove viene, quanti anni ha e che si trova a Perugia per seguire un corso d'italiano per stranieri.
- chiede se la camera è ancora libera e spiega che la posizione dell'alloggio è perfetta per lui/lei. Il corso di italiano si svolge al centro linguistico.
- chiede inoltre se in casa ci sono altri studenti stranieri, da dove vengono e quanti anni hanno.
- chiede il costo dell'affitto e se ci sono altre spese.
- chiede se c'è una connessione ad Internet.
- ringrazia e si mostra interessato per andare a vedere subito la camera.
- saluta.

T3

E1 *Lösung:* Tutti i gusti sono gusti.

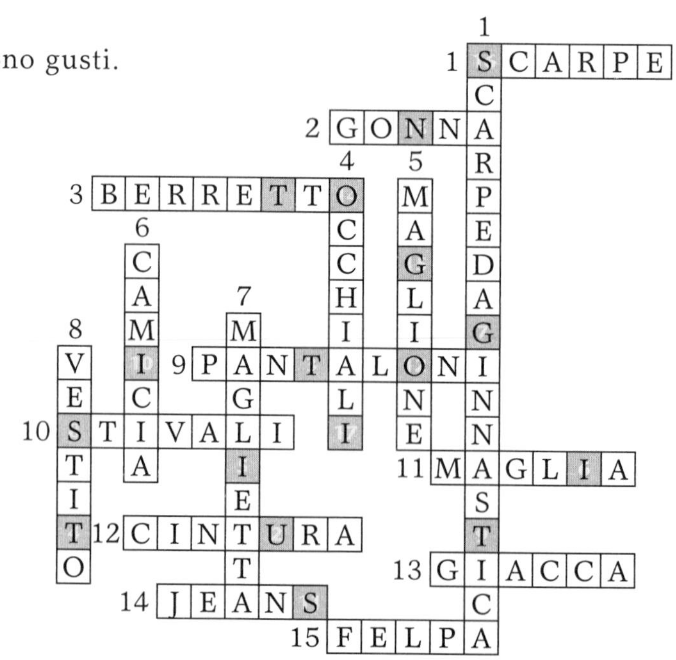

E2 Risposte secondo il gusto degli alunni.

E3
1. venti regioni, 110 province, 8092 comuni
2. 60,7 milioni
3. quattro paesi: Francia, Svizzera, Austria, Slovenia
4. quattro lingue: francesce, sloveno, tedesco, ladino
5. 301.340 km^2
6. due isole maggiori: Sicilia e Sardegna
7. tre colori: verde, bianco, rosso
8. Monte Bianco 4.810 m
9. Gran Sasso 2.912 m
10. lunghezza delle coste 7.456 km
11. il Po: 652 km
12. quattro vulcani: l'Etna, il Vesuvio, Stromboli e Vulcano
13. due città con più di un milione: Roma (ca. 2.774.000 abitanti), Milano (ca. 1.336.000 abitanti)

Kompetenzorientierte Aufgaben

E1

alle 6.45	La signora si alza.
alle 7:10	La signora sveglia i suoi figli.
alle 7.30	Fanno colazione.
alle 8.00	Il marito comincia a lavorare.
alle 9.00	La signora va al lavoro.
a 12.30	La signora va a prendere Andrea.
verso l'una	Caterina torna a casa.
il pomeriggio	a. La signora fa le pulizie. b. I figli fanno i compiti c. o giocano fuori.
verso le sei	Il marito torna a casa.
alle sette e mezzo	Cenano.
verso le undici	La signora va a letto.

E2

	destinazione	ore	binario
1.	Pavia	11.43	3
2.	Venezia Santa Lucia	16.30	5
3.	Voghera	07.05	14

E3 *Beipieltext (mindestens):*

Ciao Antonio!

Sono molto contento di venire in Italia. La mia giornata tipica è questa: Mi alzo verso le sette e venti e poi faccio colazione. Poi vado a scuola e torno alle due. Pranzo a casa con mia madre. Il lunedì e il mercoledì torno alle quattro. Il venerdì pomeriggio lavoro qualche volta come baby-sitter. Ceno alle sette e mezzo e poi faccio i compiti o guardo la TV.

Verso le undici vado a letto. Il fine settimana faccio sport, esco con i miei amici e andiamo al cinema o a fare un giretto in centro.

A presto! Tanti saluti
Emil

E4 Presentazione orale:
Lei si chiama Sonja Meyer, è tedesca di Monaco. Abita a Münster con suo padre, sua madre e due fratelli. Si chiamano Felix e Philipp. Sonja va al liceo e a lei piace il tedesco, lo sport e ovviamente l'italiano. Lei è molto simpatica. I suoi vestiti preferiti sono i blu jeans e una maglietta e ama i colori chiari. Nel tempo libero gioca a calcio e legge volentieri.

E5 ***Erwartungshorizont:*** *Die Schülerinnen und Schüler entwerfen zu zweit ein Gespräch zum Thema und verwenden dabei die bisher erworbenen grammatikalischen und lexikalischen Strukturen.*

Lezione 5

T1

E1

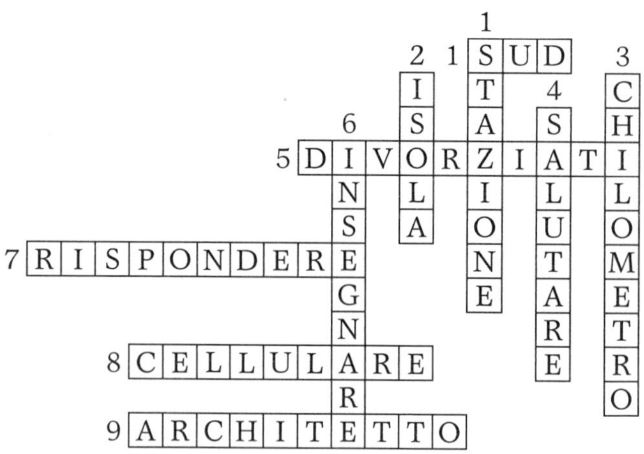

E2 *1.* 1. Li; 2. La; 3. lo; 4. Li; 5. la

2. 1. No, non la conosce.
2. No, non lo prendo.
3. No, non la vediamo.
4. No, non le fa.
5. No, non lo invito.
6. No, non ti posso aiutare.

E3

<table>
<tr><td colspan="3">i nonni:
Lina (di Trento) ⚭ **Giovanni** (architetto)
hanno due figli:</td></tr>
<tr><td>**Marco** (che balla) ⚭ la figlia **Maria**
hanno un figlio:</td><td colspan="2">il figlio **Alberto** (farmacista)
⚭ **Adriana** (negozio di CD)
hanno due figlie:</td></tr>
<tr><td>**Stefano** (sportivo)</td><td>**Valeria**
(ufficio postale)</td><td>**Elisa**</td></tr>
</table>

T2

E1

con avere			con essere
invitato	chiamato	fatto	durato
scelto	letto	dato	caduto
spento	visto	offerto	venuto
aperto	pianto	potuto	stato
visitato	descritto	viaggiato	piaciuto
cominciato finito			

E2 sono state – ha aiutato – è passata – è venuta – ha suonato – ha pettinato – (mi) ha truccato – ha preparato – ha detto – ho potuto mangiare – è arrivato – ha portato – siamo arrivati – ho visto – ha aperto – ha accompagnato – sono entrata – ho visto – è cominciata

E4 *1.* Carlo: il marito
Egidio: figli – le mie nipoti
Lucia: la moglie – il marito
Sandra: Mio zio – Mia zia

E5 Che <u>bella</u> sposa!
Che <u>bella</u> chiesa!
Che <u>bei</u> regali!
Che <u>bel</u> vestito!
Che <u>bell'</u>uomo!
Che <u>bel</u> canto!
Che <u>bella</u> torta!
Che <u>bello</u> sposo!

E6 1. Questo – quell'; 2. Questa – quella; 3. questa – quella; 4. quello; 5. Quest'; 6. quei – Quelli

T3

E1
1. Laura si è svegliata presto alle sei. Si è lavata velocemente, si è pettinata e si è truccata e ha preparato la borsa per la gita.
2. Anche Elisa la mattina presto ha preparato tutto: ha messo qualcosa da mangiare in una borsa e ha comprato anche due bottiglie d'acqua.
3. Laura ha incontrato gli altri alla fermata del pullman e li ha salutati con entusiasmo.
4. Matteo e Tim si sono divertiti a fare scherzi con Elisa, ma lei non ha fatto attenzione a loro.
5. Alle 9 i ragazzi hanno preso l'aliscafo e sono partiti per Procida. Hanno chiesto all'impiegato l'orario per il ritorno e lui ha detto che l'ultima nave parte sempre alle sette di sera.
6. Quando sono arrivati a Procida hanno preso un cappuccino al bar del porto e poi hanno deciso di fermarsi in spiaggia. Hanno fatto il bagno e si sono divertiti molto.

E2 1. sono arrivati; 2. hanno guardato – è uscita – la hanno salutata; 3. è arrivata; 4. è piaciuta; 5. sono andati – si sono divertiti; 6. ha aperto

E3 *Lösungsvorschläge:*

1. Il cellulare serve a telefonare. È un telefono mobile.
2. Una persona divorziata si è legalmente separata da suo marito/da sua moglie.
3. L'architetto è una persona che disegna case.
4. Il cognato è il fratello del marito o della moglie.
5. Fare quattro chiacchiere significa parlare un po' di cose della vita.
6. Il bicchiere serve a bere acqua.
7. Una persona è maggiorenne quando compie 18 anni.
8. Il traghetto è una nave che va regolarmente da un posto a un'altro, ad esempio da Napoli a Capri.
9. Speciale è il contrario di normale.
10. In un coro cantano molte persone insieme.

Kompetenzorientierte Aufgaben

E1 *Lösungsvorschlag*

Liebe Anne,

auf der angegebenen Seite steht, dass man auf Procida alles Mögliche machen kann - nicht nur faulenzen und ausruhen. Es gibt reichlich Wassersport, man kann wandern und es gibt natürlich auch Bootsausflüge rund um die Insel; und ihr könnt zu den Inseln Capri, Ponza und Ventotene sowie ans Festland fahren. Sag Onkel Robert, dass auch Exkursionen nach Neapel und zu den berühmten Ausgrabungen angeboten werden.
(Ein Infobüro des Veranstalters ist im Hafen von Chiaiolella.) Wie weit genau Pompeji entfernt ist, steht allerdings nicht dabei.

Alles in allem klingt Procida als Reiseziel vielversprechend, finde ich: Ruhe, Natur, Kultur und Sport, also für euch gerade richtig.

Melde dich, wenn du weitere Fragen hast.
Liebe Grüße

Karla

E2 ***Lösungsbeispiel*** *(vgl. den in der Aufgabenstellung skizzierten Erwartungshorizont!):*

Sabato mia zia Cristina ha fatto una festa per il suo compleanno - 40 anni! Ha invitato amici e parenti in una pizzeria fuori città. I miei cugini Luca e Anna hanno cantato per la loro madre e le hanno preparato una grande torta rosa e viola e veramente bella. E tutti hanno mangiato la torta dopo la pizza! Io ho parlato molto con Luca che studia a Milano adesso. Non ci siamo visti da almeno un anno.

E3 *Lösungsvorschlag:*

	1	2	3	4
nome	Francesca	sig. Bertusi	sig.ra Radicchi	Marco
Che cosa è successo?	È nato suo figlio Leon.	L'Italia ha vinto i mondiali di calcio.	Suo fratello Roberto è ritornato a casa dopo la guerra.	Ha preso la patente.
Quando?	il 20 dicembre 2003	il 9 luglio 2006	nella primavera del 1944	tre mesi prima
Perché è stato così importante?	È stato un momento molto emozionante che ha cambiato tutta la sua vita.	Perché l'Italia ha vinto (e lui ovviamente è un grande tifoso della squadra azzurra).	Perché la famiglia non ha avuto notizie di lui da molto tempo.	Perché con la patente si sente adulto.
Quale emozione ha provato?	È stata molto felice.	È stato molto felice (ma anche nervoso).	È stata molto felice ma anche come in uno choc.	È stato felice e si sente libero.

E4 1. Incredibile – la gente lascia molta robaccia/una grande quantità di cose/di rifiuti alla spiaggia quando torna a casa.
2. Si trovano lattine, vecchi giornali, mozziconi, ombrelloni guasti, contenitori vuoti di crema solare, in genere molti rifiuti di plastica.
3. Non sopporto (affatto) la gente che si comporta così. Talvolta è veramente schifoso/uno schifo.

Tipps zur Vorgehensweise/Hinweise zur Strategie:
- *Zusammengesetzte Wörter zerlegen, dann nachschlagen (Getränkedose, Sonnencremeflasche)*
- *deutsche Synonyme überlegen und evtl. an mehreren Stellen nachschlagen (Unmengen von Zeug = sehr viele [wertlose] Dinge; überhaupt = generell, im Allgemeinen vs. überhaupt nicht = gar nicht)*
- *eingerückte Kästen mit Wortfeldern und Formulierungshilfen nutzen*

Lezione 6

T1

E1 Elena preferisce: italiano, tedesco, inglese, francese, latino, educazione fisica.
Roberta preferisce: matematica, fisica, chimica, biologia, storia dell'arte.

E2 1. latino; 2. gomma; 3. quaderno; 4. pagella; 5. classe; 6. scambio culturale; 7. link

E3 Tommaso: lezione – orario
Tommaso: italiano – aula computer – ricerca
Tommaso: gita scolastica
Alessio: tema

Tomaso: ghetto - siti - link
Alessio: risultati
Tommaso: blog - voto - pagella

E4 Il professore sta spiegando, Gina e Paolo stanno ascoltando, Edoardo e Damiano stanno parlando, Giorgio sta uscendo, Pia e Giulia stanno entrando, Laura sta scrivendo, Simona sta leggendo, Tommaso sta giocando col cellulare, Matteo sta bevendo.

E5 stai facendo - sto studiando - si sta vestendo - si sta pettinando - stanno giocando - si sta lavando - stai cercando - stai perdendo - stanno parlando - sta guardando - state studiando

E6 1. uscite; 2. lasciare - finisci; 3. accendete - fate - Lasciate; 4. mangiate - mettete; 5. bevi - lava; 6. aiuta; 7. guardate; 8. andate

E7 devi - Copia - passami - accendi - prendi - ascolta - studia - scrivi

E8
✓ stia, legga
✓ finisca
✓ controlli
✓ vada
✓ non mandi
✓ porti
✓ non perda
✓ spenga
✓ dia
✓ chiuda

E9
▷ mi lasci andare in bagno, per favore!
▷ non mi faccia sedere nel primo banco!
▷ mi parli più lentamente, per favore!
▷ non mi dia tutti questi compiti, La prego!
▷ mi porti indietro il mio diario, per favore!
▷ non mi interroghi quando non alzo la mano, La prego!
▷ mi dica che cosa ho sbagliato!
▷ ma insomma, professore, mi aiuti, per favore!

E10 ci - Vi - ti - mi - le - gli

E11 1. gli; 2. loro; 3. chiederle; 4. mi; 5. gli; 6. prestarti; 7. chiedeteci - accompagnarvi

E12
Pia: dargli - mi
Giulia: ti
Pia: lo
Giulia: ringraziarci/ringraziarmi - lo
Matteo: mi - vi - Aspettatemi

E13
1. Non aiutare Elisa a fare la ricerca. Deve far**la** da sola.
2. Prima di uscire, prepara la colazione a Elisa e fa**lle** un panino per il pranzo.
3. Va' ad aspettare Elisa fuori da scuola e porta**la** dal dentista.
4. Telefona alla zia Giovanna e ringrazia**la** per il bel regalo di compleanno.
5. Ti ricordi dei fiori? Porta**li** alla cugina Piera quando vai a trovar**la** in ospedale.

6. Ricordati di telefonare ai nonni e chiedig**li** se vengono a mangiare da noi domenica.
7. Ecco il mio numero di cellulare. Telefona**mi** se hai bisogno di aiuto.

E14 Federico va all'asilo nido.
Filippo va all'università.
Luisa va all'asilo infantile.
Giuliana fa la prima media.
Irene è in terza elementare.
Diletta frequenta il liceo classico/scientifico – la scuola superiore.

T2

E2 Elena: preferita
Gianna: stufa
Elena: attenta – necessaria
Gianna: noiosa
Gianna: migliore
Elena: libera
Gianna: ideale – strano

E3 1. non – nessuna; 2. non – per niente; 3. Non – nemmeno; 4. Non – niente; 5. non – ancora; 6. non – nessuna; 7. non – neanche; 8. Non - né – né

E4
1. Non è vero, non posso recuperare né storia, né filosofia.
2. Non è vero, lui non ha fatto niente.
3. Non è vero, nessuno si preoccupa per me.
4. Ma cosa dite? Di matematica non ho mai capito niente.
5. Devo andare in ospedale e non posso venire né domani, né dopodomani.
6. Ma cosa dite? Non ho ancora studiato per l'esame di informatica.
7. Non ci credo, secondo me niente può andare bene.

E5 3 – 13 – 5 – 11 – 6 – 8 – 7 – 2 – 1 – 9 – 10 – 14 – 4 – 12

E6
1. Gli studenti della 3B invece studiano tutte le materie.
2. Ascoltano sempre tutto.
3. Sono tutti interessati allo scambio culturale con la Francia.
4. Si ricordano ancora le lezioni della settimana scorsa.
5. Sono sempre attenti.
6. Hanno già preparato tutte le loro ricerche.
7. Fanno sempre i compiti a casa.
8. Sono già ragazzi responsabili.

T3

E1
1. Non ho ancora studiato la lezione di geografia.
2. Non alzo mai la mano durante le interrogazioni.
3. Aiuto sempre tutti nei compiti in classe.
4. Vi faccio sempre copiare tutto, anche i compiti a casa.
5. Non mi siedo mai nel primo banco./Mi siedo sempre nell'ultimo banco.
6. Non mi piace tutto della scuola. Non amo né l'italiano, né la matematica.

7. Non ho offerto la torta a nessun professore.
8. Non vengo più a scuola con lo zaino delle scuole medie e non sono più un bambino!

E2 1. Il primo giorno di scuola.
2. facile
3. Il secchione./Il cocco.
4. La pagella.
5. L'amica del cuore./La migliore amica.
6. la pazienza di un santo
7. Un'interrogazione.
8. Copiare.

E3 1. vero: Frequentano tutte e tre la terza C.
2. falso: Si siedono apposta nell'ultima fila per riuscire a copiare meglio nei compiti in classe.
3. falso: È Vanessa che alza la mano, Anna, invece, cerca di non farsi vedere.
4. vero
5. vero: Giovanna incontra le amiche, mentre Anna va in piscina.
6. falso: Anna partecipa sempre alle gare di nuoto alla domenica.
7. falso: Vanessa studia ma non è l'allieva modello.

E5

Kompetenzorientierte Aufgaben

E1 1. falso: Dice che cinque non è un bel voto.
2. falso: Ha preso sei.
3. vero
4. falso: Dice a Giorgio che non è la fine del mondo e che recupererà.
5. vero
6. falso: Dice che è la più bella della scuola.

E2 1. falso: Esistono anche scuole private.
2. vero
3. falso: Dura tre anni.
4. vero
5. falso: Bisogna sostenere l'esame di licenza media.
6. vero: Licei, istituti tecnici e istituti professionali.

E3 ***Possibili temi trattati nella lettera***
Lo studente/la studentessa:
- si presenta (nome, età, classe frequentata, città di provenienza).
- presenta gli ottimi risultati che ha ottenuto in italiano.
- dice che lo studia già da x anni e che nella sua scuola ci sono quattro ore a settimana di italiano.
- dice che è già stato in Italia con uno scambio culturale e molte volte in vacanza con i genitori, sia d'estate che d'inverno.
- spiega che è un appassionato d'arte e di musica. Vuole visitare la città e assistere all'Umbria Jazz Festival.
- spiega che, dopo il liceo, vuole iscriversi all'università in Italia.
- saluta e ringrazia.

E4 ***Possibili temi trattati nel discorso***
Lo studente/la studentessa:
- si presenta e dice da dove viene.
- dà qualche informazione sulla sua scuola: tipo di scuola (liceo, scuola professionale, scuola tecnica, ecc.), materie studiate, orario scolastico.
- spiega che italiano è una lingua a scelta e che lui/lei ha deciso di studiarla.
- spiega gli aspetti della scuola italiana e della vita in famiglia che apprezza di più.
- spiega quali sono state le difficoltà al suo arrivo in Italia.
- conclude dicendo che è contento del suo soggiorno in Italia. Ha imparato bene l'italiano e ha conosciuto molti amici. Gli italiani sono simpatici e ospitali. Hanno sempre voglia di festeggiare e questo gli/le piace molto.

E5 Studente A:
- dice che ha molta fame e che ha voglia di un panino.
- dice che conosce un posto dove i panini sono veramente buoni.
- dice che c'è un bar/pizzeria e gelateria a pochi metri, in piazza Roma.
- propone di mangiare una pizza, al posto del panino.
- fa molto caldo e forse preferisce il gelato.
- vuole prendere un cono grande: cioccolato, crema e fragola.

Studente B:
- dice che anche lui ha molta fame ma è stufo dei soliti panini.
- dice che è già stato nel locale dei panini esageratamente buoni e vuole cambiare posto.
- anche lui/lei conosce il bar di piazza Roma. Le pizze e i gelati sono molto buoni.
- dice che gli/le sembra una buona idea. Una pizza è l'ideale.
- propone di sbrigarsi. Hanno poco tempo, poi devono rientrare a scuola.
- vuole mangiare una pizza Margherita.

Lezione 7

T1

E1

	io	tu	lui/lei	noi	voi	loro
visitare	*visiterei*	visite-resti	visite-rebbe	visite-remmo	visite-reste	visite-rebbero
nuotare	nuoterei	nuote-resti	*nuote-rebbe*	nuote-remmo	nuote-reste	nuote-rebbero
cercare	cerche-rei	cerche-resti	cerche-rebbe	cerche-remmo	*cerche-reste*	cerche-rebbero
difendere	difende-rei	*difende-resti*	difende-rebbe	difende-remmo	difende-reste	difende-rebbero
prendere	prende-rei	prende-resti	prende-rebbe	*prende-remmo*	prende-reste	prende-rebbero
morire	morirei	mori-resti	mori-rebbe	mori-remmo	mori-reste	*morirebbero*
partire	*partirei*	parti-resti	parti-rebbe	parti-remmo	parti-reste	parti-rebbero
spostarsi	mi sposterei	*ti sposte-resti*	si sposte-rebbe	ci sposte-remmo	vi spo-stereste	si sposte-rebbero
avere	avrei	avresti	avrebbe	avremmo	*avreste*	avrebbero
essere	sarei	*saresti*	sarebbe	saremmo	sareste	sarebbero
andare	andrei	andresti	andrebbe	*andremmo*	andreste	andrebbero
volere	vorrei	vorresti	vorrebbe	vorremmo	vorreste	*vorrebbero*
sapere	*saprei*	sapresti	saprebbe	sapremmo	sapreste	saprebbero
fare	farei	faresti	*farebbe*	faremmo	fareste	farebbero
venire	verrei	verresti	verrebbe	verremmo	*verreste*	verrebbero

E2 *Lösungsvorschlag:*

1. Partirei con i miei amici perché vorrei visitare con loro la città.
2. Prenderei il vaporetto per spostarmi in acqua.
3. Cercherei il Ponte di Rialto perché è uno dei ponti che attraversano il Canal Grande.
4. Visiterei il Palazzo Ducale perché era la sede dei Dogi.
5. Andrei per le calli per vedere i palazzi e le facciate.
6. Parteciperei al Carnevale e mi comprerei una maschera veneziana.
7. Canterei con un gondoliere perché sarebbe divertente.
8. Mangerei un gelato perché mi piace molto.

E3

1. Al tuo posto comprerei un dolce veneziano a Burano.
2. Al tuo/vostro posto mi sbrigherei.
3. Al tuo posto prenderei il vaporetto./Al tuo posto farei la pausa pranzo./ Al tuo posto visiterei il Carnevale di Venezia in febbraio.
4. Al tuo posto chiamerei il prof.
5. Al tuo posto farei un giro in gondola.
6. Al tuo posto attraverserei i ponti.

E4

e	w	e	d	o	f	a	z	n	a	c	a	v	o	e
w	r	s	t	i	m	u	t	i	l	e	h	g	y	l
q	h	a	w	n	f	a	x	l	v	o	a	o	d	d
l	n	n	s	l	a	e	n	t	v	l	u	c	n	g
f	n	c	f	r	p	g	n	c	u	l	t	u	r	a
o	t	s	o	p	e	r	e	d	q	w	p	j	f	p
p	w	c	m	t	e	v	o	l	e	c	b	j	e	o
n	u	o	t	a	r	e	a	g	e	r	q	e	r	l
p	o	n	t	e	n	x	g	r	r	v	e	o	m	i
i	x	o	o	a	s	i	q	s	t	a	l	i	a	z
o	s	o	l	o	c	i	r	e	p	t	m	n	t	i
e	n	o	i	z	a	u	d	o	a	s	a	m	a	a
e	h	p	a	k	g	b	a	q	h	u	i	i	a	k
a	e	o	t	j	l	d	a	h	g	d	h	w	y	f
y	i	e	o	v	f	s	p	o	s	t	a	r	s	i

E5 lascerebbero – prenderebbero – preferirebbe – Farebbe – attraverserebbe – sentirebbe – visiterebbero – potrebbe – mangerebbe – farebbe – comprerebbe – visiterebbe – andrebbero – vedrebbero – sarebbero – ritornerebbero

E6 ascolterei la musica – farei i compiti insieme alla mia compagna di banco – ripeterei inglese/la lezione d'inglese – parlerei con i professori – esprimerei la mia opinione – farei attenzione a scuola – non farei scherzi stupidi – incontrerei gli amici – farei del teatro – discuterei la tesi – parteciperei allo scambio – sarei più creativa

E7 *Lösungsvorschlag:*

Ciao Sara!

Grazie per la tua e-mail. Ti scrivo dalla città sveva – Stoccarda.
Nella mia città potremmo fare un giro in barca sul Neckar. Arrivati al distretto Bad Cannstatt visiteremmo lo zoo Wilhelma di Stoccarda.
È veramente bello. Il pomeriggio andremmo al Museo della Mercedes Benz e la sera nuoteremmo nelle terme più grandi d'Europa.

Un bacione e un abbraccio
Caterina

T2

E1

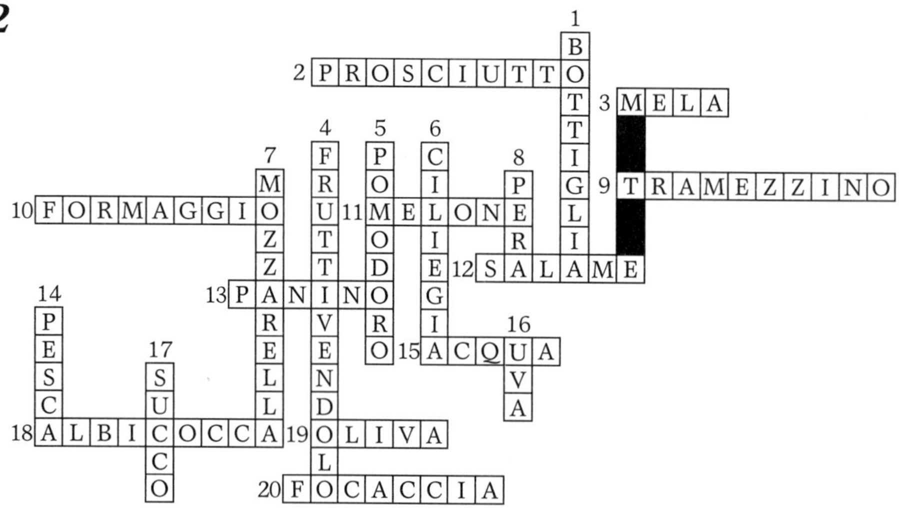

E2 2. un etto di prosciutto; 3. un chilo di mele; 5. mezzo chilo di pomodori; 6. due chili di ciliegie; 7. due etti di mozzarella; 8. tre chili di pere; 11. un melone; 14. mezzo chilo di pesche; 15. due bottiglie d'acqua; 17. due succhi di frutta; 18. un chilo d'albicocche; 19. un etto di olive

E3 1. **al mercato:** mezzo chilo di pesche, un chilo di mele, due chili di ciliegie, un melone, mezzo chilo di pomodori, mezzo chilo d'uva, un chilo d'albicocche, due pere
2. **in panetteria:** la focaccia
3. **nel negozio di generi alimentari:** due succhi di frutta, due bottiglie d'acqua minerale
4. **in salumeria:** un etto di mortadella, un etto di formaggio, un etto di olive, due etti di mozzarella

E4

del	dello	dell'	dei	degli	della	delle	
X							pane
					X		carne
			X				piselli
		X					acqua
						X	patate
			X				biscotti
	X						zucchero
					X		frutta
				X			spaghetti
						X	cipolle

E5 1. della; 2. dei; 3. dei; 4. delle; 5. della; 6. dell'; 7. delle; 8. delle

E6 ci - ci - ci - ci - ci - ne - ne - ne

E7 1. Sì, ci vado con Laura. 2. No, non ne vuole un chilo. 3. No, non ci sono rimasto. 4. Sì, ne mangio troppa. 5. No, non ci è andata. 6. Sì, ne vogliamo comprare due chili. 7. No, non ci sono entrata. 8. Sì, ne voglio un etto.

E8 1. molta; 2. poca; 3. pochi; 4. tanti; 5. Molte; 6. tanta; 7. molto; 8. troppe

E9 1. A Venezia ci sono tanti ristoranti. Ma molti sono cari.
2. Tanti turisti visitano Venezia ma pochi comprano qualcosa.
3. A Burano vorrei comprare qualcosa di dolce.
4. Tanti alunni sanno l'italiano ma alcuni preferiscono l'inglese.
5. Tutti hanno fame e vogliono mangiare qualcosa.
6. È successo qualcosa ieri?

E10 Lei gira alla prima strada a destra, passando davanti al supermercato, attraversa il ponte, e va sempre dritto fino al bar. Poi prende la prima a sinistra, attraversa la piazza, prende la prima a destra e va ancora dritto fino al negozio di fiori. Poi subito la prima a destra, dopo il bar a sinistra e poi di nuovo a sinistra, passando davanti alla farmacia. Va sempre dritto e arriva a San Marco.

T3

E1 1. occhio; 2. camminare; 3. furbo; 4. spiritoso; 5. universo; 6. affascinante; 7. stella; 8. misterioso; 9. miele; 10. rosa; 11. paradiso; 12. inferno; 13. peggiore; 14. ansia; 15. autore; 16. simbolo; 17. importanza; 18. cattivo; 19. carattere
Il personaggio famoso è Giacomo Casanova!

E2 1. Il paradiso è più bello dell'inferno.
2. Cristoforo Colombo è più vecchio di Giacomo Casanova.
3. L'universo è più affascinante delle stelle.
4. La rosa è più profumata del tulipano.
5. Il miele è più dolce della mela.
6. Carlo Goldoni è più spiritoso di Tintoretto.
7. La volpe è più furba della farfalla.
8. Venezia è più misteriosa di Genova.

E3 1. di; 2. che; 3. come/quanto; 4. che; 5. come/quanto; 6. che; 7. di; 8. come/quanto

E4 1. Il pittore più conosciuto è Michelangelo.
2. La montagna più alta è il Monte Bianco.
3. L'isola più grande è la Sicilia.
4. Il lago più piccolo è il lago di Lugano.
5. Le chiese più vecchie sono a Roma.
6. I piatti più amati sono gli spaghetti e la pizza.
7. Lo sport più amato è il calcio.
8. In Italia c'è il miglior gelato.

E5 1. L'albicocca è freschissima. 2. Le olive sono amarissime. 3. Il formaggio è buonissimo. 4. Le ciliegie sono dolcissime. 5. La rosa è profumatissima. 6. La mela è carissima. 7. La pera è grandissima. 8. Il melone è piccolissimo.

Kompetenzorientierte Aufgaben

E1 1. falso: Sono in pasticceria. 2. vero; 3. falso: Costa 30 €. 4. Non si sa.
5. vero; 6. falso: Comprano 20 dolci. 7. vero

E2 *Lösungsvorschlag:*
Inizia il Carnevale a Venezia con il Volo dell'Angelo
- Il volo dell'Angelo 2010 ha inaugurato il Carnevale davanti alle migliaia di spettatori presenti in piazza San Marco.
- l volo dell'Angelo ha visto in questa edizione come protagonista la bella Bianca Brandolina d'Adda.
- Piazza San Marco si è trasformata in un giardino incanto ispirato alle favole più celebri.
- Uno scenario fatto di verde, sculture al centro del quale campeggia un grande portale con il Leone simbolo di Venezia.
- Il Carnevale di Venezia era ispirato ai sei sensi.
- Sei sensi che hanno trovato posto uno per ogni sestiere di Venezia, portando il sesto senso a San Marco.
- Il programma è stato creato sotto la direzione artistica di Mario Balich.
- Il momento culminante del programma è stato Carnivalia, il gioco ufficiale del Carnevale.
- Carnivalia è un gioco di gruppo, una specie di caccia al tesoro che vede Giacomo Casanova guidare tra calli e campi.
- I partecipanti scoprono il vero spirito del Carnevale di Venezia, la sua storia e la sua tradizione.

E3 1. falso: Piazza San Marco è il punto più basso di Venezia.
2. falso: Gli allagamenti dipendono dall'innalzamento del livello del mare e dall'abbassamento del livello del suolo.
3. vero
4. falso: Le dighe mobili entrano in funzione in caso di maree superiori ai 110 cm.
5. falso: È in atto il restauro della pavimentazione di piazza San Marco con il risanamento della parte sottostante.

E4 *Lösungsvorschlag:*

a. monologo:
1. indossare una maschera, i costumi, portare un vestito/cappello, camuffarsi/essere vestito da qn [Arlecchino/Colombina], essere simpatico, furbo, divertente
2. fare scherzi, giochi, balli, spettacoli, sfilate
3. Festeggiare Carnevale a Venezia/Le maschere a Venezia

b. dialogo:
- Il Carnevale più suggestivo in Germania si festeggia a Colonia.
- L'ultima domenica di Carnevale sfilano in molte città i carri mascherati.
- Molte persone indossano una maschera.
- A Carnevale si possono fare più scherzi del solito.
- Nelle città tedesche si festeggia con spettacoli e coriandoli.

E5 *a. monologo:*

1. Piazza San Marco, sposi/coppia di sposi, abito da sposa, mazzo di fiori, stivali di gomma, felici, inondazione, sfidare l'inondazione
2. effetti sulle strutture architettoniche ed edilizie, effetti sull'ambiente lagunare, conseguenze economiche e sociali: i ritardi e disagi procurati al traffico pedonale e al trasporto di merci, percorsi su passerelle
3. "Sposa bagnata, sposa fortunata"

b. dialogo:

- celebrare un matrimonio da sogno
- sfidare l'inondazione
- fare un giro in gondola
- festeggiare in un palazzo
- giornata indimenticabile

E6 ***Lösungsvorschlag:***

Venezia – la città dei nostri sogni

- meravigliosa città con i suoi ponti e i suoi gondolieri
- i suoi sentieri caratteristici
- l'immagine più famosa di Venezia è piazza San Marco: piazzale su cui sorge la basilica con la pavimentazione nascosta da migliaia di grossi piccioni
- Venezia e ricca di musei ed edifici storici di gran valore artistico e culturale.

Lezione 8

T1

E1

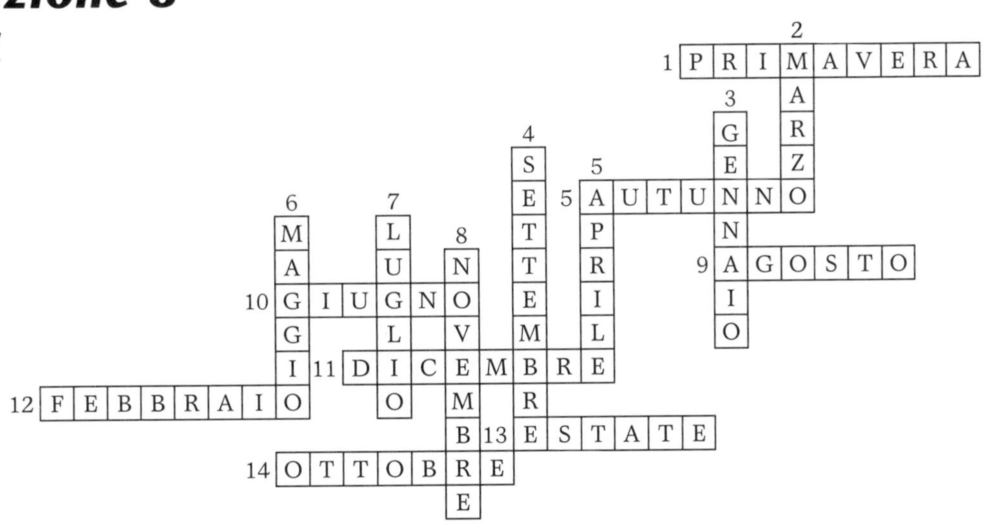

E2 Il treno dei mesi ha 12 vagoni,
ogni vagone porta cose buone ...
Gennaio ha nevicato
Febbraio mascherato
Marzo con l'ombrello
Aprile un po' più bello
Maggio fiori e frutti
Giugno a casa tutti
Luglio ed Agosto

la scuola non conosco
Settembre col buon vino
Ottobre un po' freddino
Novembre vedo male
Dicembre col Natale!

E3
1. Una ragazza inglese ha mangiato un gelato.
2. Un signore americano ha fatto una foto.
3. Due signori anziani si sono messi a discutere proprio davanti alla fontana.
4. Alcuni giovani si sono divertiti a gettare delle monete nella fontana.
5. Una signora ha fatto cadere la sua borsa nella fontana.
6. Due ragazzi innamorati si sono baciati.
7. Un bambino si è lavato con l'acqua della fontana.
8. Alcuni signori hanno venduto degli oggetti turistici.
9. Un ladro ha rubato il portafoglio ad un signore.
10. Un musicista ha suonato la chitarra e cantato una canzone italiana.
11. Molti turisti hanno girato intorno alla fontana.
12. A una giovane coppia sono piaciute le spiegazioni della guida turistica.

E4 si è alzato – Ha fatto – ha incontrato – ha portato – ha aspettato – ha portati – ha cambiato – ha fatto – è piaciuto – hanno deciso – sono arrivati – hanno chiesto – ha capito – sono tornati – Sono saliti – hanno aperto – hanno cominciato – è venuta – è piaciuta – Ha detto – è successo – sono scesi – ha pensato

E5
CAMPIDOGLIO
COLOSSEO
FONTANA DI TREVI
FORO ROMANO
GHETTO
LAOCOONTE
MUSEI CAPITOLINI
MUSEI VATICANI
PANTHEON
PIAZZA DI SPAGNA
PIAZZA NAVONA
SAN PIETRO
SPINARIO
TRASTEVERE

E6 la città eterna – piazza di Spagna – fiori – tedeschi – San Pietro – il Papa – il Foro Romano – Colosseo – turisti – Fontana di Trevi – uno spettacolo – ha rubato – è sceso – triste – uno scherzo – monetine – i soldi rubati – un viaggio

T2

E1

infinito	1. sg.	2. sg.	3.sg.	1.pl.	2.pl.	3.pl.
essere	ero	eri	era	eravamo	eravate	*erano*
avere	avevo	avevi	aveva	*avevamo*	avevate	avevano
fare	facevo	facevi	faceva	facevamo	facevate	facevano
dire	*dicevo*	dicevi	diceva	dicevamo	dicevate	dicevano
capire	capivo	capivi	capiva	capivamo	*capivate*	capivano
amare	amavo	amavi	*amava*	amavamo	amavate	amavano
volere	volevo	*volevi*	voleva	volevamo	volevate	volevano

E2 era – lavorava – faceva – è entrata – voleva – ha salutata – sembrava – portava – è piaciuta – ha fatto – ha scelto – ha pagata – era – è tornata – era – ha dato – sono usciti – si sono innamorati

E3 aveva bevuto – era riuscita – aveva dormito – erano uscite – avevano fatto la doccia – avevano lasciato – avevano finito – aveva fatto – aveva dimenticato – aveva chiesto – avevano scritto – si era stancata

E4 *1.* era – è andata – Ci sono stati – siamo arrivati – abbiamo visto – era – avevate detto – abbiamo dovuto – Abbiamo chiesto – ha risposto – è stata

2. Soluzioni individuali.

E5

1. sg.	parla con me	1. pl.	parla con noi
2. sg.	parla con te	2. pl.	parla con voi
3. sg.	parla con lui parla con lei parla con sé	3. pl.	parla con loro parla con sé

E6 voi – noi – loro – noi – lui – me – voi

T3

E1 Soluzioni individuali.

E2 abitava – c'erano – potevano – si annoiava – aveva – ha regalato – ha deciso – ha cercato – potevano – hanno conosciuto – ha offerto – hanno avuto – hanno dato – sono andati – si sono presentati – erano – aveva – era – aveva regalato – aveva imparato – aveva fatto – aveva sognato

Kompetenzorientierte Aufgaben

E1 1. 1. falso; 2. vero; 3. vero

2. 1. Il rischio di pagare troppo caro il proprio caffè c'è semmai nei bar del centro.
   → giustificazione: riga/righe 12-13
   2. I bar che chiedono un prezzo troppo alto non offrono né caffè buono né servizio accettabile.
   → giustificazione: riga/righe 13-14

3. 1. Le persone che sono più a rischio di pagare troppo nei bar sono i turisti che non parlano italiano (e che vengono a Roma per la prima volta).
   2. Per cambiare la situazione, il Comune di Roma dovrebbe attivare una *task force* per controllare meglio i gestori dei bar romani.

E2 mattina: colazione al bar vicino a piazza di Spagna
passeggiata nel centro storico
pranzo vicino al Pantheon

pomeriggio: riposo in Villa Borghese e visita della Galleria Borghese
shopping nel quartiere Monti
cena in una pizzeria all'aperto
uscire sull'Isola Tiberina

E3 **Materiale A**
Il mio film è una commedia romantica del 1953. William Wyler è il suo regista. Sicuramente è un bel film perché ha vinto tre Oscar. I protagonisti sono Audrey Hepburn e Gregory Peck, che si baciano nel film.
Mi piacerebbe vederlo perché i critici dicono che è una bella favola.

Materiale B
Il mio film si chiama "Gente di Roma", è di Ettore Scola. È un documentario del 2003, ma è anche una commedia. Il regista racconta le persone che vivono a Roma, vecchi e giovani, italiani ed immigrati. Mi piacerebbe vederlo perché si può capire la 'filosofia' della città.

E4 **Immagine 1**
Nella foto si vede un bar romano. Ci sono tre tavoli sul marciapiede, di cui due sono occupati. A un tavolo c'è un gruppo di amici, a un altro è seduta una donna sola. Forse sta aspettando qualcuno.
Uno degli amici è venuto in vespa e ha parcheggiato il motorino accanto al bar. I ragazzi sembrano molto rilassati.

Immagine 2
Nella foto si vede una ragazza che si fa fotografare su un ponte sul Tevere, e sullo sfondo si vede la cupola di San Pietro. Porta gli occhiali da sole e sorride. Sembra contenta di essere a Roma, forse è una turista.
(Le storie possono fare referenza a questi fatti.)

E5

	Aspetti positivi	Aspetti negativi
Ragazzo	il clima i monumenti	i costi della vita
Signora	la tradizione	gli stranieri/l'immigrazione la criminalità
Ragazza	il Tevere i locali l'atmosfera romantica	il traffico troppe macchine il rumore l'aria cattiva

E6 L'articolo parla della musica italiana. I cantautori famosi in Germania come Eros Ramazzotti e Laura Pausini fanno musica di massa, e star del rock come Vasco Rossi non sono sconosciuti, ma neanche delle star.
Dice che l'Italia ha molto più cantanti da offrire, soprattutto il più grande Fabrizio de André, ma anche Mina o Francesco Guccini.
Rino Gaetano è uno di loro. È anticonformista, ironico, e critica la casta politica italiana.
Dell'infanzia di Gaetano dice che è calabrese di origine, ma i genitori si sono trasferiti a Roma per lavoro quando aveva 10 anni. Anche la sua musica è ricca di movimento, con elementi del rock e del reggae. Così è sempre giovane.
Citano il suo brano "E io ci sto" del suo ultimo album, perché riassume il contrasto tra il sogno di una vita migliore e tra l'impossibilità di realizzarlo. È l'idea di fraternità e solidarietà che fa di Rino Gaetano uno dei cantautori più interessanti. Né i suoi testi né la sua musica sono conformi alla moda, e per questo riesce sempre a far sorridere i suoi ascoltatori, conclude l'articolo.
E tu, che ne pensi?

In piazza

Unterrichtswerk für Italienisch

Arbeitsheft 1

C.C.Buchner

In piazza

Unterrichtswerk für Italienisch
Herausgegeben von Sonja Schmiel und Norbert Stöckle

Arbeitsheft 1

Erarbeitet von Margherita Balcet, Julia Gerlach, Ingrid Ickler, Cosimina Kehl, Gabriele Kroes, Tanja Maltese, Anna Schmidt-Soergel, Sonja Schmiel und Norbert Stöckle

Die dem Lernmittel beigefügte CD enthält – bis auf die Hörverstehensübungen – ausschließlich optionale Unterrichtsmaterialien. Die CD unterliegt nicht dem staatlichen Zulassungsverfahren.5.4 Vertiefung: Flächeninhalt von Figuren

Bildnachweis
Margherita Balcet, Biella – S. 64 (2); dpa Picture-Alliance, Frankfurt – S. 89; dpa Picture-Alliance / ANSA, Carlo Ferraro – S. 14; dpa Picture-Alliance / ANSA, Andrea Merola – S. 76, 77; dpa Picture-Alliance / AP Photo, Teh Eng Koon – S. 3; dpa Picture-Alliance / Gaetano Barone – S. 6; dpa Picture-Alliance / dpa-Report – S. 14; dpa Picture-Alliance / Friso Gensch – S. 7; dpa Picture-Alliance / Annegret Hilse – S. 3; dpa Picture-Alliance / jazzarchiv – S. 3; dpa Picture-Alliance / KPA – S. 90; dpa Picture-Alliance / LaPresse Valerio – S. 3; dpa Picture-Alliance / Lonely Planet Images, Krzysztof Dydynski – S. 90; dpa Picture-Alliance / Claudio Onorati – S. 14; dpa Picture-Alliance / Photoshot – S. 14; dpa Picture-Alliance / Francesco Tomasinelli – S. 6; dpa Picture-Alliance / Franz-Peter Tschauner – S. 6; iStockphoto / fabphoto – S. 80; iStockphoto / hero30 – S. 69; iStockphoto / Nils Kahle – S. 65; iStockphoto / Evgeny Karandaev – S. 69; iStockphoto / kedsauce – S. 69; iStockphoto / mammuth – S. 65; iStockphoto / Giuseppe Masci – S. 50; iStockphoto / Leigh Prather – S. 3; iStockphoto / Vitalina Rybakova – S. 69; iStockphoto / Stockbyte – S. 69 (2); iStockphoto / Vold77 – S. 75; Andreas Jäger, München – S. 69; Eugen Kamenar, Bamberg – S. Einband, 70; Sonja Schmiel, Aalen – S. 6 (2), 66 (6), 69, 70 (3); Thinkstock / iStockphoto – S. 5 (2), 6, 67, 69 (10), 80, 87, 90; Thinkstock / Lifesize – S. 69; Thinkstock / Pixland – S. 42; Thinkstock / RelaxPhoto.de – S. 78; Thinkstock / Wavebreak Media – S. 3.

Dieses Werk folgt der reformierten Rechtschreibung und Zeichensetzung. Ausnahmen bilden Texte, bei denen künstlerische, philologische oder lizenzrechtliche Gründe einer Änderung entgegenstehen.

1. Auflage 2. Druck 2015
Die letzte Zahl bedeutet das Jahr dieses Druckes.
Alle Drucke dieser Auflage sind, weil untereinander unverändert, nebeneinander benutzbar.

www.ccbuchner.de

Gestaltung: Wildner + Designer GmbH, Fürth
Umschlag: Artbox Grafik & Satz GmbH, Bremen
Illustrationen: Kirill Chudinskiy, Köln
Druck und Bindearbeiten: Friedrich Pustet, Regensburg

ISBN 978-3-7661-**4974**-9

Chi sei?

Ingresso

E1 *Nomi italiani – nomi tedeschi*

Prova a tradurre questi nomi italiani.
Versuche, die folgenden Namen ins Deutsche zu übersetzen.

ragazzi		ragazze	
nome italiano	**nome tedesco**	**nome italiano**	**nome tedesco**
Paolo		Chiara	
Michele		Francesca	
Andrea		Elena	
Claudio		Margherita	
Antonio		Gabriella	
Luca		Carlotta	

E2 *Italiani famosi. Berühmte Italiener*

Conosci questi italiani? Kennst du diese Italienerinnen und Italiener?
Leggi i nomi ad alta voce. Lies die Namen laut vor. **G** → 1.2.1

Giancarlo Fisichella

Formula Uno

Gianna Nannini
Eros Ramazzotti

musica pop

Gianluigi Buffon
Andrea Barzagli

calcio: Squadra Azzurra

Gina Lollobrigida
Luchino Visconti

cinema italiano

Giulia Carcasi
Federico Moccia

letteratura giovanile[1]

[1] la letteratura giovanile: *Jugendliteratur*

T1 Nuovi amici

E1 Presentare i ragazzi e le ragazze all'ostello della gioventù[1]

Un gruppo di italiani dorme oggi all'ostello della gioventù di Francoforte. Eine Gruppe italienischer Jugendlicher übernachtet heute in der Jugendherberge in Frankfurt.
Come si chiamano? Di dove sono? Dove abitano? Wie heißen sie? Aus welcher Stadt stammen sie? Wo wohnen sie? **G** → 1.2, 1.3

Tipp: *Die korrekten italienischen Namen der Städte in kursiv findest du in der Italienkarte vorne im Schülerband.*

Modello:
Paolo Chietti - Pisa - *Florenz* → Paolo Chietti è di Pisa. Abita a Firenze.

1. Cristina Bellagio - Bergamo - *Mailand*
2. Giovanni Castrucci - Palermo - *Neapel*
3. Chiara Belli - *Rom* - *Rom*
4. Luigi Formenton - Ancona - *Venedig*
5. Anna-Maria Rossi - Perugia - Bologna
6. Gennaro Di Carlo - *Turin* - *Genua*

E2 Chi è Laura? (Neugierige) Fragen an Laura

Completa con la domanda che manca. Ergänze die fehlende Frage zu der angegebenen Antwort. (Man duzt sich.) **G** → 1.4

1. Mi chiamo Laura.
2. No, non sono di Genova.
3. Sono di Napoli.
4. Certo, sono italiana.

E3 Città e regioni in Italia

Sortiere die Namen von Städten, Inseln und Regionen in die Tabelle unter Berücksichtigung der Laute [k], [tʃ], [g], [ʤ], [sk] und [ʃ]. **G** → 1.2.1

al nord: Alto Adige - Venezia-Giulia - Vicenza - Lecco - Vercelli - Voghera - Brescia

al centro: Pescara - Ancona - Perugia - Civitavecchia - Ascoli Piceno - Lucca - Chieti - Cascina

al sud: Sicilia - Gela - Reggio Calabria - Agrigento - Sciacca

[k]	[tʃ]	[g]	[ʤ]	[sk]	[ʃ]
Capri	Lecce	Bergamo	Genova	Ischia	Brescia

Tipp: *Schau in der Karte am Ende des Schülerbandes nach, wenn du genau wissen willst, was wo liegt.*

[1] l'ostello della gioventù: *Jugendherberge*

T2 In centro

E1 *Parole crociate*

Die Buchstaben aus den Kästchen mit einer Eiskugel ergeben richtig sortiert eine Eissorte. Aber welche?

orizzontali
2. Oberschule
4. Straße
8. Zentrum
9. Kirche
10. großes Wohnhaus
12. Jahr
13. Eis

verticali
1. Ausdruck der Begrüßung
3. dort kauft man z. B. Zeitungen
5. Monat
6. dort trifft man sich unter freiem Himmel
7. beliebtes Lokal
11. ich wohne

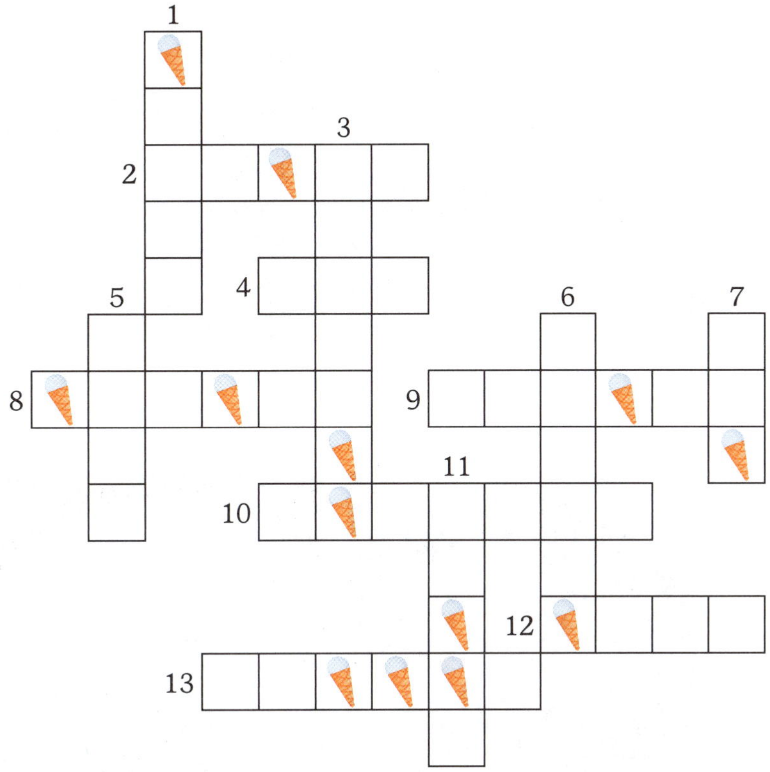

Soluzione: _ _ _ _ _ _ _ _ _ _ _ _ _

E2 *Il dizionario bilingue ti aiuta … (I). Das zweisprachige Wörterbuch hilft dir … – Accenti. Akzente*

Du hast gelernt, dass die meisten italienischen Wörter auf der zweitletzten Silbe betont werden; doch leider gibt es Ausnahmen. Im Vokabelverzeichnis von ***In Piazza*** *sind diese Abweichungen durch einen Unterstrich unter dem betonten Vokal gekennzeichnet, z. B. proprio, Italia. Aber auch ein zweisprachiges Wörterbuch gibt dir Hinweise.*
Schlage die folgenden Wörter nach und unterstreiche den Vokal, der den Hauptakzent trägt. Wie sind die Wortakzente in deinem Wörterbuch markiert? Neben dem Wort notiere bitte die deutsche(n) Bedeutung(en).

1. l'industria ....
2. la farmacia ....
3. l'epoca ....
4. difficile ....
5. probabile ....
6. il compito ....
7. il carattere ....
8. la radice ....
9. la lettera ....
10. austriaco, -a ....
11. spingere ....
12. temere ....

E3 *A Genova (non) c'è (solo) ... In Genua gibt es (nicht nur) ...*

1. Metti l'articolo determinativo. Setze den bestimmten Artikel ein. **G** → 1.8

Genova è famosa[1] per...

.... Porto Antico

.... Acquario

.... Lanterna

.... Museo Luzzati

.... Duomo

.... Palazzo Ducale

.... Stadio "Luigi Ferraris"

.... centro storico

2. Metti l'articolo indeterminativo. Setze den unbestimmten Artikel ein. **G** → 1.8

A Genova non c'è solo ...

.... ufficio postale

.... scuola

.... edicola

.... liceo

.... cinema

.... piazza

.... farmacia

.... gelateria

.... bar

.... chiesa

[1] famoso, -a: *berühmt*

T3 Mangiamo un gelato?

E1 *Anche Münster è bella!*

Sì, Genova è una bella città! Ma anche in Germania ci sono le città belle, Münster ad esempio. Metti l'articolo determinativo al plurale. *Setze den bestimmten Artikel im Plural ein.* **G** → 1.10

A Münster ci sono:

1. .... case e .... palazzi del centro storico e .... negozi eleganti del "Prinzipalmarkt",
2. .... studenti dell'università,
3. .... chiese,
4. .... alberi[1] in piazza Duomo,
5. .... musei interessanti,
6. e .... biciclette dappertutto[2].

E2 *Dove c'è uno ci sono anche due*

Metti l'articolo e poi il plurale. *Setze den bestimmten Artikel ein und ergänze den Plural.* **G** → 1.8, 1.10, 1.11

singolare	plurale
il palazzo	*i palazzi*
piazza	le piazze
studente	gli studenti
gelato	i gelati
mese	i mesi
ingresso	gli ingressi
amica	le amiche
cinema	i cinema
teatro	i teatri
negozio	i negozi
città	le citta
banana	le banane
gusto	i gusti
scuola	le scuole
amico	gli amici

[1] l'albero: *Baum*; [2] dappertutto: *überall*

E3 *A cerca di verbi. Auf der Suche nach Verbformen*

Wer findet die meisten? Sie sind senkrecht, waagerecht und diagonal versteckt. **G** → 1.13

P	T	G	M	C	O	P	L	M	R	D	A	F	V	B
I	R	N	V	E	K	Z	T	A	F	F	D	E	M	O
L	E	E	G	B	C	N	Q	B	L	A	B	M	N	T
M	B	S	S	P	H	B	S	I	V	I	R	N	K	L
T	G	R	N	E	V	N	I	T	S	T	A	L	T	M
M	B	V	C	R	N	Z	A	I	R	T	E	L	O	P
B	C	O	L	U	T	T	M	R	S	E	N	I	C	C
G	F	D	E	P	A	G	O	G	L	T	R	Q	E	M
P	A	T	E	N	Z	U	B	C	H	M	L	I	R	T
L	G	K	F	D	R	E	O	Z	K	A	L	Z	C	R
N	V	E	M	I	P	N	N	O	T	N	Z	Y	A	H
G	S	R	D	S	N	Q	U	M	T	G	D	L	N	T
F	N	R	D	A	S	C	O	L	T	I	A	M	O	B
N	V	D	V	R	E	T	P	E	M	A	T	L	X	G
V	I	G	F	D	I	R	N	A	R	D	E	N	M	R

E4 *Quale forma manca?*

Completa le frasi con il verbo coniugato. Vervollständige die Sätze mit den angegebenen Verben in der richtigen Person. **G** → 1.4, 1.13, 1.14

1. essere / abitare

   Paolo e Maria .... di Perugia, ma adesso .... a Milano.

2. mangiare

   "Paolo, che cosa ....?" – "Io .... una pizza ai funghi."

3. ascoltare / essere

   "Ragazzi, ... bene! Questa lezione .... molto interessante!"

4. parlare

   "Signore, ... anche il tedesco?" – "No, ... solo l'italiano."

5. cercare

   Noi .... il numero di telefono di Claudia.

6. stare

   Leo e Luca .... bene; Giovanni invece[1] .... molto male.

7. pagare

   Francesco .... il gelato di Cristina.

8. fare / andare

   "Ragazzi, che cosa (noi) .... adesso?" – "Perché non .... al cinema?"

[1] invece: hingegen

9. presentare / essere

"Lea, (io) ti[1] .... Claudia, un'amica tedesca. .... di Berlino."

E5 *Finito l'inchiostro[2].*

Beim Ausdrucken eines Textes für den Italienischunterricht ist der Lehrerin die Tintenpatrone ausgegangen. Kannst du ergänzen, was nicht lesbar ist?

Martina è una rag..............te..............ca, stu.............. lingue[3]. È a Genova per imp..............

l'ital.............. e per incont.............. gen.............. simpatica. La cit.............. piace molto a

Martina perché ci so.............. le piaz.............., ... nego.............., i vic.............. del centro.

St.............. benis.............. in Ita..............! Nel corso d'italiano c'è an.............. Lucy, una

rag.............. americana di Chicago. Lucy e Martina insieme[4] visit.............. i musei,

van.............. al cine.............. e fan.............. sport.

→ *Faccia a faccia – Plurale e numeri (pag. 92)*

E6 *Verbi e numeri*

1. *Completa con i verbi che mancano. Ergänze die fehlenden Verbformen.*
   G → 1.4, 1.13, 1.14

infinito	studiare	**1**	4	9
io	2	3	11	6
tu	5	7	sei	12
lei / lui / Lei	8	13	è	14
noi	10	18	15	17
voi	studiate	date	16	cercate
loro	19	20	sono	cercano

2. *Suche dir anschließend eine Partnerin oder einen Partner, um die Lösung zu kontrollieren. Das geht so: Der/Die Erste nennt eine Zahl aus der Tabelle, der/die Zweite nennt die Verbform, die in dem Feld steht. Nach jeweils drei Zahlen werden die Rollen getauscht.* **G** → 1.15

2

E7 *Numeri di telefono a Genova*

Ascolti i numeri di telefono di tre famiglie. Come si chiamano queste famiglie? Come sono i numeri di telefono? Du hörst die Telefonnummern von drei Genueser Familien. Wie heißen die Familien? Wie lauten die Telefonnummern?
Notiere die Namen (sie werden auch buchstabiert) und die zugehörigen Nummern.
G → 1.1, 1.15

1. nome: .... numero: ....

2. nome: .... numero: ....

3. nome: .... numero: ....

[1] io ti: ich dir; [2] l'inchiostro: *Tinte;* [3] la lingua: *Sprache;* [4] insieme: *zusammen*

E8 *Alla gelateria "Milano"*

Completa con le sillabe che mancano. Ergänze die Wörter mit den richtigen Silben, die unter den Sätzen angegeben sind. **G** → 1.2

1. Il proprietario[1] della gelateria si ....ama: Gianlui...............
   (ci / chi / gio / gi)
2. Lui fa tredi.............. ....sti diversi, tra cui[2] il caffè, il ....ccolato, la
   stra..............tella, la vani..............a e la fra..............la.
   (chi / giu / chio / gu / cio / chia / ccia / li / ci / go / gio / gli)
3. La specialità è il cioccolato al peperon..............no e lo ....gurt.
   (ci / io / yo / cci)
4. Laura og.............. prende la no..............ola e l'amarena.
   (ci / chi / cci / ghi / gi)
5. Pa.............. un euro e ....ndici.
   (gia / ga / qui / cui)

E9 *Che confusione!*

Metti in ordine le sillabe e riscrivi i verbi corretti! Poi inventa una piccola frase.
Ordne die Silben und schreibe die korrekten Verbformen auf, dann bilde jeweils einen kleinen Satz. **G** → 1.13, 1.14

Modello: paraimre → imparare → Imparare l'italiano non è difficile!

1. diaanmo ....
2. petasti ....
3. tosivi ....
4. tefa ....
5. govenno ....
6. pretosen ....
7. pamoghia ....
8. temachia ....

E10 *Mangiamo un gelato?*

Fate una scenetta.

Studente A
Du bist mit deinem italienischen Freund/deiner italienischen Freundin in einer italienischen Stadt unterwegs und möchtest mit ihm/ihr unbedingt ein Eis essen gehen, auch weil es heiß ist. Du erzählst ihm/ihr von einer sehr guten Eisdiele, wo es tolle Eissorten gibt. Du sagst u. a. auch, dass du bezahlen willst. Aber es gibt Probleme. Findet einen Kompromiss.

Studente B
Du bummelst mit deinem deutschen Freund/deiner deutschen Freundin durch deine italienische Heimatstadt. Dein Freund/Deine Freundin möchte mit dir in eine Eisdiele gehen, du möchtest das aber nicht, denn es geht dir nicht so gut; die Eisdiele ist zudem zu teuer, auch sind dort oft viele Leute ... Du möchtest lieber in eine Bar gehen und einen Kaffee (un caffè) trinken. Findet einen Kompromiss.

[1] il proprietario: *Besitzer;* [2] tra cui: *darunter*

Kompetenzorientierte Aufgaben

E1 *Claudio fa conversazione*

Claudio trifft im Zug nach Rom ein sympathisches Mädchen und möchte mehr über sie wissen.
Er stellt neugierige Fragen in direkter Rede und spricht sie mit „tu" an! Sie antwortet in ganzen Sätzen – allerdings ohne eine einzige Gegenfrage zu stellen ... Eine Ausländerin? Oder schüchtern? Oder mag sie ihn nicht?

Claudio fragt ...

wie sie heißt: ....

lei: ....

ob sie Italienerin ist: ....

lei: ....

wo sie wohnt: ....

lei: ....

ob sie Deutsch spricht: ....

lei: ....

warum sie nach Rom fährt[1]: ....

lei: ....

E2 *Un'e-mail da Siena*

Da:	enzo.biagini@tiscali.it
A:	franzi21@web.de
Oggetto:	Un saluto da Siena

Ciao Franziska,

ti mando un saluto da Siena dove abito adesso.
La città è bellissima! Piazza del Campo e i vicoli del centro storico, il Duomo e le altre chiese - Siena mi piace davvero.

L'università è cominciata due settimane fa e ho già molto da fare. I corsi sono difficili. Però ho già conosciuto molti ragazzi simpatici. Nel corso di biologia c'è anche un tedesco. Si chiama Jürgen ed è di Stoccarda. Non ho capito bene perché studia qui in Italia. Ma forse non gli hanno dato un posto all'università tedesca.

Abito in un appartamento insieme a Piero, un amico che conosco da anni. Anche lui studia medicina qui. La nostra casa è in periferia e per andare in centro prendo la bicicletta o l'autobus.

[1] fahren: *gehen*

Abbiamo due camere e un bagno. La "cucina" è piccolissima – un frigo e solo due fornelli per cucinare. Ma di solito mangio alla mensa dell'università – si mangia male ma costa poco ;-)

Vieni a trovarmi qui? Forse nelle vacanze di Natale? Ti posso ospitare perché Piero per le feste va a trovare la sua famiglia; quindi la sua camera è libera per almeno una settimana. Cosa ne pensi?

Fammi sapere come stai e come vanno le cose a Monaco!
Cari saluti e a presto

Enzo

1. *Lies den Text und lege eine Vokabelliste Italienisch-Deutsch an mit mindestens zwölf neuen Wörtern, die du (aus dem Zusammenhang oder anderen Fremdsprachen) verstehst.*

riga	italiano	deutsch
1	un saluto	ein Gruß
…	…	…

2. *Vero o falso? Metti una crocetta per ogni frase e poi correggi le frasi false.*
Richtig oder falsch? Kreuze in jeder Zeile an und korrigiere falsche Aussagen.

	vero	falso	??
1. Enzo è di Siena.			
2. Enzo studia biologia.			
3. Abita con Jürgen.			
4. Jürgen studia a Stoccarda.			
5. La casa è nel centro storico di Siena.			
6. Per andare all'università Enzo prende la bicicletta.			
7. La casa ha un balcone.			
8. Invita[1] Franziska a venire a Siena.			
9. Alla mensa si mangia bene.			
10. Franziska abita a Berlino.			

3. *Franziskas Freundin Betti kennt Enzo auch und will wissen, wie es ihm geht. Franziska fasst ihr deshalb seine Mail kurz auf Deutsch zusammen. Was sagt sie?*

[1] invitare: *einladen*

Che cosa ti piace?

T1 Quattro amici si presentano

E1 Parole nascoste. Versteckte Wörter.

Prova a decifrare queste parole. Versuche diese Wörter zu entziffern.

1. l'in**re**e ....
2. la *icicl**** ....
3. lo **ort ....
4. p***are ....
5. *p*s** ....
6. le**e** ....
7. la m*t* ....
8. *uo*i ....
9. il l*b** ....
10. *e*e*o*a*e ....
11. la ch*t***a ....
12. cu***are ....

E2 Cinzia incontra Luisa

Luisa fa delle domande sul nuovo ragazzo di Cinzia. Abbina le risposte alle domande.
1. Fragen und Antworten: Welche Frage gehört zu welcher Antwort? Ordne zu.

Quanti hanni ha?	Odia il mare.
Come si chiama?	Ama il calcio.
Che cosa odia?	Abita a Roma, in via Cernaia 10.
Di dov'è?	Ha 19 anni.
A che cosa pensa?	Si chiama Enrico Salvi.
Dove abita?	È di Firenze.
Che cosa ama?	Pensa a me!

2. *Adesso fa' la scheda di Enrico.* Schreibe Enricos Steckbrief.

→ Faccia a faccia – Che cosa ti piace? – Mi piace/mi piacciono (pag. 92)

E3 Le preposizioni articolate (a, in, di)

Completa con le preposizioni articolate che mancano.
Vervollständige mit den fehlenden Präpositionen. G → 2.2

1. Damiano parla sempre … .... Laura, ... animali, ... calcio, ... mare, ... musica, ... negozi, e .... pizzerie.

2. Fabio è … .... cremeria, ... piazza Cavour, ... centro di Roma, ... discoteca "Blue Ocean", ... Germania, ... via Duomo.

3. Luisa pensa sempre … .... TV, ... Enrico, ... gelato, ... amiche, ... sport, ... ragazzi e .... Italia.

E4 *Jovanotti e Federico Moccia*

*Metti i verbi **avere** (2x), **essere** (3x), **chiamarsi** (5x), **amare** (2x), **piacere** (2x), **abitare** (1x) **suonare** (1x). Füge die Verben **avere** (2x), **essere** (3x), **chiamarsi** (5x), **amare** (2x), **piacere** (2x), **abitare** (1x) **suonare** (1x) ein.* **G** → 1.4, 1.13, 2.1

Lui .... Lorenzo Cherubini. .... di Roma. .... tre fratelli. .... la musica hip hop. Il suo libro .... "Il grande boh!". A lui .... cantare. Jovanotti .... la chitarra.

Lui .... Federico Moccia. Anche lui .... di Roma. .... 51 anni. Il suo primo libro .... "Tre metri sopra il cielo". .... la storia di un amore difficile tra due giovani che .... Babi e Step. A lui .... stare con gli amici. .... il mare. Oggi .... a Roma.

E5 *Domande e risposte*

Lavorate per un giornale scolastico. Fate le domande e scrivete anche le risposte. Ihr arbeitet für eine Schülerzeitung und interviewt Laura Pausini und Ligabue. Partner A stellt die Fragen, Partner B gibt die Antworten. Anschließend tauscht ihr die Rollen.

Laura Pausini
*Feanza, 1974
cantante
♥ Celine Dion, Mariah Carey

Luciano Ligabue
*Correggio 1960
cantante/suona la chitarra
♥ fare i film, la musica rock

Modello:
A: Come ti chiami? B: Mi chiamo Laura Pausini.

T2 A casa mia

E1 *L'appartamento di Carlo*

Che cosa c'è? Was gibt es hier?

E2 *Vocabolario*

Trova l'intruso. Was passt nicht dazu?

1. il soggiorno – la cucina – il terrazzo – il bagno
2. scrivere un'e-mail – la sera – leggere
3. a destra di – a sinistra di – già – sopra
4. la famiglia – la cugina – il fratello – il gatto
5. la sorella – piccolo – alto – enorme
6. la discussione – abbracciare – cucinare – scrivere
7. ancora – spesso – sempre – sotto
8. guardare – tornare – la televisione – accendere

E3 *Verbi verbi verbi*

*Qui sono nascoste le forme dei verbi **avere, potere, essere, mettere**. Trova tutte le forme, poi scrivile nella tabella e completala. Scegli delle forme e scrivi dieci frasi.* *Hier sind Formen der Verben **avere**, **potere**, **essere**, **mettere** versteckt. Finde die Formen der angegebenen Verben, schreibe sie in die Tabelle und ergänze sie anschließend. Denke dir mit zehn Formen sinnvolle Sätze aus.* **G** → 1.4, 2.1, 2.7, 2.8

m	e	t	t	o	s	t	p	s	i	o	è
e	p	m	s	s	e	s	u	o	h	a	m
t	l	e	p	o	s	s	o	l	n	i	p
t	m	t	m	n	h	a	i	o	h	s	o
e	e	t	p	o	s	s	o	n	o	s	s
t	t	e	o	a	a	m	e	t	t	i	s
e	t	a	t	c	b	s	e	i	p	e	i
n	i	v	e	b	b	a	i	n	u	t	a
e	a	e	t	s	i	a	m	o	ò	e	m
i	m	t	e	h	a	n	n	o	l	n	o
n	o	e	c	g	m	e	t	t	i	o	e
o	m	e	t	t	o	n	o	m	n	i	a

	mettere	avere	potere	essere
io				
tu				
lui/lei				
noi				
voi				
loro				

....

....

....

E4 *Paolo e Chiara litigano*

Completa con le parole adatte. *Ergänze mit den passenden Formen.* **G** → 2.1, 2.7, 2.8

avere – lavorare – scrivere – vedere – piacere – accendere – telefonare – prendere – mangiare – potere (2x) – andare – cucinare

1. Paolo: .... (tu) la televisione? – Chiara: No! .... (io) un'e-mail a Teresa.
2. Paolo: .... (noi) un caffè? – Chiara: No! Non .... (io) perché .... (io).

3. Paolo: Perché non .... (noi) in centro per .... (infinito) gli amici? – Chiara: Non mi piace. In più non .... (io) tempo.

4. Paolo: Mia madre .... (lei) le lasagne per noi. Ti .... ? – Chiara: Non .... (io) le lasagne.

5. Chiara: Ma perché non .... (tu) a tua madre? .... (voi) andare in centro insieme!

E5 *Qual è il contrario?*

Versuche die Gegensätze zu finden. Einige der angegebenen Wörter sind für dich noch neu, du kannst ihre Bedeutung aber leicht erraten. **G** → 2.4, 2.5

moderno, -a: ....

antipatico, -a: ....

a destra: ....

molto piccolo, -a: ....

la sorella: ....

ricco, -a: ....

piccolo, -a: ....

sopra: ....

ordinato, -a: ....

odiare: ....

giocare: ....

E6 *Aggettivi*

Completa con la forma adatta dell'aggettivo.
Ergänze mit der passenden Adjektivform. **G** → 2.5

divertente, buono, bellissimo, caro, piccolo, bello, unico, moderno, grande, enorme, alto

1. Leggo un libro ....
2. Queste pizze sono davvero ....
3. Questi appartamenti sono ....
4. Mio fratello è .... un metro e ottanta.
5. Vorrei un cono ...., per favore.
6. La vista dal terrazzo è ....
7. La cucina è .... ma ....
8. Laura e Caterina sono figlie ....
9. Questo bagno è ....
10. Ma questi stadi sono ....!

E7 *Tutto su Mario*

Metti gli aggettivi nella forma corretta. Ergänze mit den passenden Formen der Adjektive. **G** → 2.5

Il palazzo dove abita Mario è molto .... (grande). Il suo appartamento però è .... (piccolo), ma .... (bello). Ci sono solo .... (poco) stanze. Nella sua camera da letto, che è abbastanza .... (piccolo) ci sono un letto .... (enorme), un televisore .... (nuovo), ... (molto) libri e delle .... (bellissimo) foto di Genova. Mario è un .... (bravo) fotografo. È .... (divertente) e .... (simpatico). La sua amica Alessandra è .... (inglese). È abbastanza .... (alto). A Mario piace cucinare. La sua pizza è sempre .... (ottimo)!

E8 *Il mio, il tuo, il suo ... Attenti però all'articolo!*

Completa la tabella con la combinazione articolo + aggettivo possessivo + nome, come nell'esempio. Ma attenzione! In alcuni casi non c'è l'articolo. Vervollständige die Tabelle mit dem Artikel + Possessivbegleiter + dem Nomen, wie im Beispiel. Aber Vorsicht! Manchmal entfällt der Artikel. **G** → 2.6

Tommaso	casa	= la sua casa	io	libro	
io	ragazzo		voi	amico	
Francesco	gelato		Valerio	madre	
tu	scooter		tu	chitarra	
Grazia	sorella		noi	amica	
voi	pizza		Laura e Pina	sport	
tu	fratello		Elena	padre	

E9 *Linda racconta*

Completa con l'aggettivo possessivo corretto. Attenti all'uso dell'articolo. Ergänze mit dem passenden Possessivbegleiter und dem bestimmten Artikel, falls nötig. **G** → 2.6

Mi chiamo Linda e abito a Ferrara, in Emilia Romagna. .... città mi piace molto, ma vorrei abitare al mare. Vado spesso in città per vedere .... amica Chiara. .... madre è insegnante. .... scuola si chiama "Liceo Dante".

Chiara e .... fratello hanno uno scooter. .... scooter è molto bello. Insieme andiamo spesso a .... gelateria preferita per prendere un gelato.

E10 ***Dov'è? Dove sono?***

Guardate il disegno. Fate le domande al vostro partner come nell'esempio. Il partner risponde. Poi scambiate i ruoli. *Stellt nach dem genannten Muster Fragen an euren Partner. Der Partner antwortet. Dann wechselt ihr die Rollen.* **G** → 2.2, 2.3, 2.4

Modello: Dov'è il mare? Il mare è dietro la casa.

Kompetenzorientierte Aufgaben

E1 *Avere un partner in Italia*

Mit einem Sprachtandem kannst du deine Italienischkenntnisse vertiefen. Dein Partner schreibt auf Deutsch, du auf Italienisch. Nicola möchte Deutsch lernen und sucht auch einen Tandempartner. Antworte auf seine E-Mail!

Ciao,

ich heiße Nicola und studiere in Mailand Fremdsprachen. Ich mag Deutschland, vor allem Berlin und Hamburg. Geboren bin ich in Florenz, dort lebt auch meine Familie. Ich habe zwei Schwestern (11 und 15). Ich bin 19 Jahre alt und mag Musik, Lesen und gutes Essen. Außerdem gehe ich gerne in die Disko und im Meer schwimmen. Hier in Mailand wohne ich mit zwei anderen Studenten zusammen, die sehr nett sind.
Ich würde mich freuen, auf diesem Weg meine Deutschkenntnisse zu verbessern und dir beim Italienisch lernen zu helfen.

A presto, Nicola

E2 *Aiuto! Cerco casa!*

Il tuo compagno di classe vuole passare un anno in Italia per imparare l'italiano. Che tipo di casa va bene per lui? Guardate gli annunci immobiliari e scambiate le idee.
Einer deiner Klassenkameraden möchte für ein Jahr nach Italien, um Italienisch zu lernen. Schaut euch die Wohnungsangebote an und besprecht, welche Wohnung sich am besten für ihn eignet und warum.

1. Affittasi appartamento, 90 mq. 1000 € mensili.
   Libero a giugno, adatto a studenti.
   2° piano. Ingresso, cucina abit., 2 camere, salotto, bagno.

2. Affittasi appartamento, 80 mq. Zona centrale.
   750 € mensili. Ammobiliato: ingresso, cucina abitabile, camera, bagno.

3. Affittasi monolocale, 40 mq. 650 € mensili. Ammobiliato a studente/lavoratore. No fumatore. No animali.

4. Affittasi bilocale, 65 mq. in palazzo, 4° piano no ascensore. Da ristrutturare. Prezzo da concordare.

E3 *Un messaggio sulla segreteria telefonica*[1]

3

Manuela telefona alla sua amica Paola, ma purtroppo c'è solo la segreteria telefonica. Ascolta la telefonata e cerca di capire qual è la nuova casa di Manuela. Casa A, B o C?
Manuela ruft ihre Freundin Paola an, aber leider erreicht sie nur den Anrufbeantworter. Höre das Telefonat an und versuche zu verstehen, welches ihr neues Haus ist. Haus A, B oder C?

[1] un messaggio sulla segreteria telefonica: eine Nachricht auf dem (automatischen) Anrufbeantworter

Casa A

pianterreno

primo piano

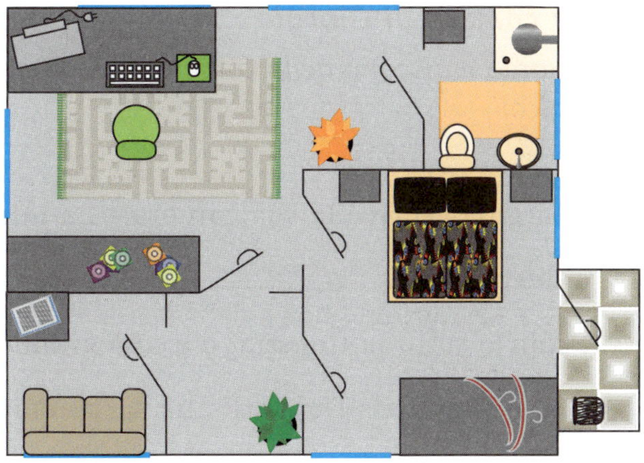

Casa B

pianterreno

primo piano

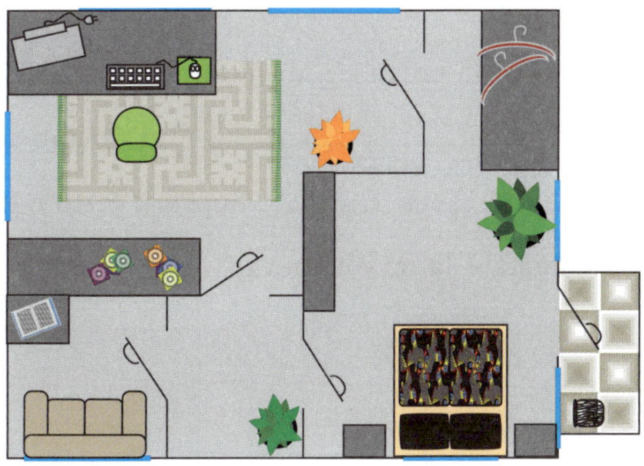

Casa C

pianterreno

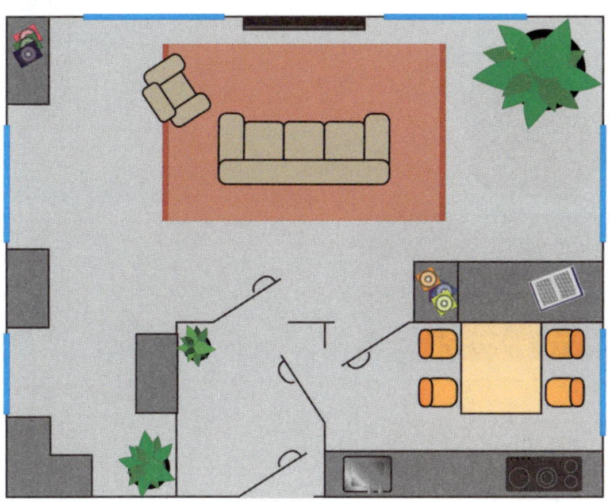

primo piano

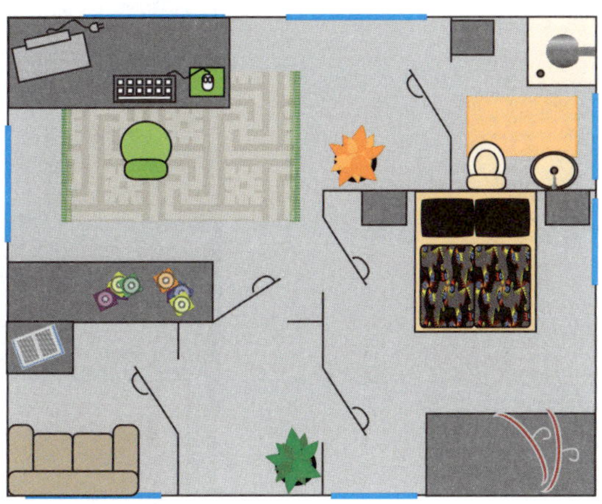

Lezione 3

Vivere insieme

T1 Ma che caos

E1 *La camera di Giorgio ...*

Guarda il disegno della camera di Giorgio e completa il testo con i sostantivi e gli articoli.

Giorgio descrive la sua camera: "La mia camera è molto bella! Accanto alla porta[1] a destra c'è .... grande. Lì ci metto tutti .... Proprio sotto la finestra, c'è una grande .... Su .... c'è il computer. Davanti[2] alla scrivania c'è ....

Di fronte alla porta c'è un'altra finestra. Sotto la finestra c'è .... piccolo con .... davanti. Spesso sto lì per ascoltare la musica. Accanto al tavolo c'è un altro .... con ....

Dietro la porta c'è un grande .... con i miei vestiti[3]. Di fronte c'è .... Qui dormo sempre molto bene! Per terra c'è anche .... Sopra il letto c'è .... di calcio. Ecco, questa è la mia camera."

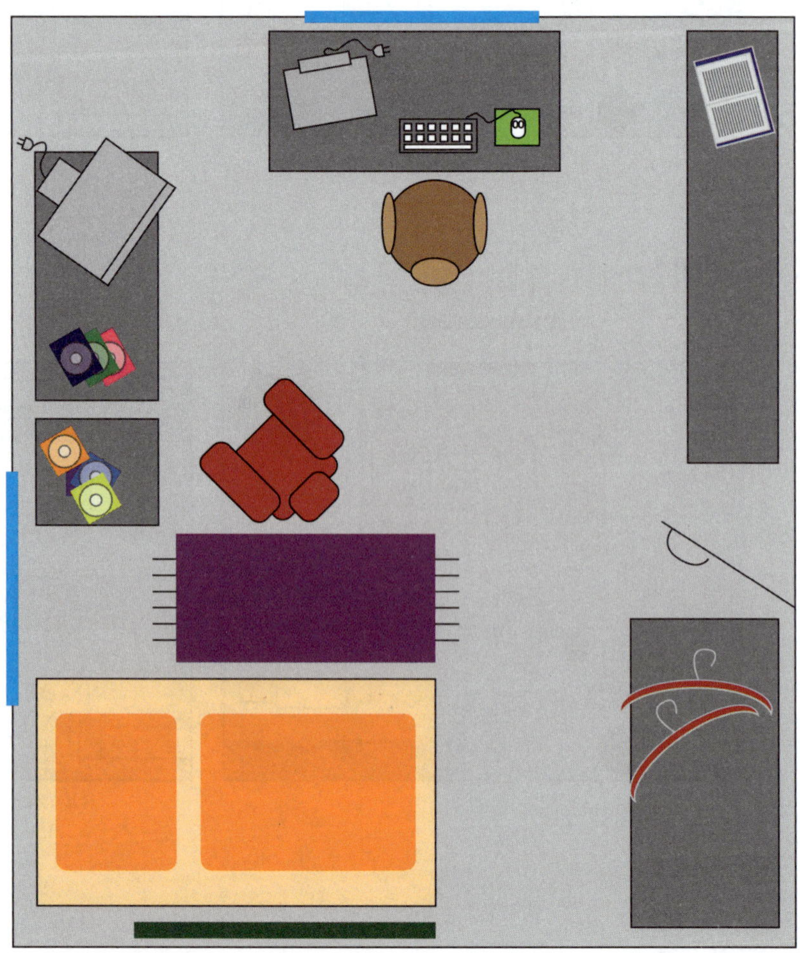

[1] la porta: *Tür;* [2] davanti (a): *vor;* [3] i vestiti: *Kleidung*

E2 *Giacomo – un ragazzo davvero ordinato?*

Completa il testo con le preposizioni (articolate e no) che mancano. **G** → 2.2, 2.3, 2.4

È una bella giornata e gli amici Giacomo e Federico vogliono andare .... giocare .... calcio .... parco. Federico passa .... Giacomo e entra[1] .... sua camera:

Federico: Ma quant'è ordinata la tua camera! Le coperte[2] .... letto, i vestiti[3] .... armadio, i libri .... scaffale. Sei molto ordinato.

Giacomo: Be', non è sempre così. Normalmente i vestiti stanno .... terra, non trovo mai le chiavi perché sono o .... armadio o .... giornali. I libri sono .... letto invece che .... scaffale ...
Mia madre si arrabbia[4] sempre, ma oggi è il suo compleanno[5] e vorrei farle una sorpresa[6]. Ma adesso andiamo! Però non ho tanto tempo.
Devo tornare .... casa presto per festeggiare il compleanno di mia madre .... famiglia.

E3 *Il compleanno della madre*

Completa il testo con gli aggettivi possessivi che mancano. **G** → 3.6

Giacomo torna a casa e c'è .... padre che apre la porta:

Padre: Ciao, figlio ....! Adesso ci sei anche tu. Dobbiamo aspettare solo .... madre. È da........................ amica e non trova .... chiavi della macchina. Ma appena viene possiamo festeggiare .... compleanno! Ci sono già .... fratelli e .... sorella.

Giacomo: E ci sono anche .... nonni[7]?

Padre: Ma certo! E anche .... (le amiche della madre) amiche.

Giacomo entra e saluta tutta .... famiglia. C'è anche .... cugino Marco. Loro parlano d.. nuovi videogiochi. Giacomo dice di andare nel........................ camera a giocare un po' ma in quel momento entra .... madre.

Padre: Ecco, finalmente .... moglie! Possiamo festeggiare!

Tutti: Tanti auguri[8] a te ...!

[1] entrare: eintreten, *hineingehen;* [2] la coperta: *Wolldecke;* [3] i vestiti: *Kleidung;* [4] arrabbiarsi: *wütend werden;*
[5] il compleanno: *Geburtstag;* [6] vorrei farle una sorpresa: *ich möchte ihr eine Überraschung bereiten;*
[7] i nonni: *i genitori dei genitori;* [8] Tanti auguri!: *Herzlichen Glückwunsch!*

E4 *Daniele, il mio amico caotico*

1. Completa il testo con i verbi seguenti. **G** → 3.1, 3.2

partire - dormire - avere - ascoltare - aprire - incontrare - sentire - offrire - pagare - essere (2x) - arrivare (2x) - dire - festeggiare

Il mio amico Daniele è un po' caotico. .... di giorno e .... di notte. Quando fa freddo lui .... la finestra. Non .... mai[1] puntuale[2] e .... sempre in ritardo. Spesso io .... a lui: ".....................................", Daniele, ... da casa mezz'ora prima così forse .... puntuale." Ma lui non mi .... Quando noi .... delle ragazze .... qualcosa da bere perché siamo gentili. Ma chi è quello che .... alla fine? Sono io perché Daniele non .... mai soldi[3]. Però nonostante[4] i suoi difetti .... un ragazzo molto simpatico!

2. E tu, hai anche un amico caotico/un'amica caotica? Fai la descrizione di un tuo amico/di una tua amica.

E5 *Cosa dici in italiano?*

Usa l'imperativo. **G** → 3.3

Was sagst du, wenn ... ?

1. ein Freund/eine Freundin die Tür schließen und das Fenster öffnen soll.

....

2. du einen Freund/eine Freundin aufforderst, endlich mit dir loszugehen.

....

3. du einen Freund/eine Freundin aufforderst, sich deinen Motorroller anzusehen.

....

4. du deine Eltern aufforderst, ruhig zu bleiben.

....

5. ein Freund/eine Freundin nicht zu spät kommen soll.

....

6. du deinen Bruder bittest, still zu sein/nichts mehr zu sagen.

....

7. deine Freundin/deinen Freund bittest, den Computer anzuschalten.

....

8. du deiner Schwester sagst, sie soll dein Zimmer nicht in Unordnung bringen.

....

[1] non ... mai: *nie;* [2] puntuale: *pünktlich;* [3] i soldi: *Geld;* [4] però nonostante: *dennoch; trotz*

E6 *Consigli tra amiche*

Immagina la seguente situazione: Giulia e Gioia sono due amiche molto diverse. Giulia è molto attiva, fa tutto in fretta[1] e si arrabbia[2] abbastanza velocemente[3]. Gioia invece è molto calma[4] e la sera non vuole uscire, ma preferisce restare a casa. Vogliono cambiare la loro vita e diventare[5] un po' come l'altra. Per questo si chiedono consigli[6] una all'altra. Scrivi sei consigli per ogni ragazza. Usa l'imperativo. G → 3.3

1. Che cosa consiglia Giulia a Gioia per diventare più attiva?

....

....

....

....

....

....

2. Che cosa consiglia Gioia a Giulia per diventare più calma?

....

....

....

....

....

....

E7 *Dieci regole d'oro in classe*

Per un buon clima in classe bisogna rispettare alcune regole. Quali? Scrivete dieci regole d'oro da rispettare in classe e discutetene[7] con i compagni. Poi create insieme un cartellone!

[1] in fretta: *in Eile;* [2] arrabbiarsi: *sich ärgern, aufregen;* [3] velocemente: *schnell;* [4] calmo, -a: *ruhig;* [5] diventare: *werden;* [6] il consiglio: *Rat(schlag);* [7] dicutetene: *diskutiert darüber*

T2 *I vicini di casa*

E1 *Mi puoi aiutare ...?*

*Completa le frasi con i verbi **potere** e **dovere**.* **G** → 2.8, 3.7.1

Padre: Matteo, ... venire un attimo? .... mettere quest'armadio in un altro posto e non .... farlo da solo.

Matteo: Scusa, papà, in questo momento non ....

Padre: Ma che cosa .... fare?

Matteo: .... finire i compiti e poi Carlo e io .... studiare per l'esame di tedesco. Non .... chiedere ad Angela?

Padre: Angela non .... aiutarmi. Lei e la mamma .... andare in centro adesso e poi Angela .... portare il cane a spasso.

Matteo: Va bene, papà, allora .... venire io.

Padre: Grazie, Matteo, insieme .... finalmente spostare quest'armadio.

E2 *Il serpente dei verbi*

*Conosci adesso la coniugazione dei verbi in **-are**, **-ere** e **-ire**. Coniuga il verbo secondo la persona richiesta.* **G** → 1.13, 2.7, 3.1, 3.8

Modello: mangio → .... (loro) Cambiate la persona: mangiano; tu !!! = imperativo

mangiano → .... (cantare) Cambiate il verbo: cantano

parliamo → .... (tu) → .... (sentire) → .... (voi)

→ .... (aiutare) → .... (tu !!!) → .... (mettere) → .... (io)

→ .... (venire) → .... (lui) → .... (accendere) → .... (loro)

→ .... (abitare) → .... (noi) → .... (stare) → .... (io)

→ .... (potere) → .... (tu) → .... (uscire) → .... (voi)

→ .... (vedere) → .... (io) → .... (fare) → .... (tu)

→ .... dire	→ .... noi	→ .... odiare	→ .... loro
→ .... descrivere	→ .... tu !!!	→ .... aprire	→ .... voi
→ .... visitare	→ .... loro	→ .... dormire	→ .... lei
→ .... dovere	→ .... noi	→ .... venire	→ .... io
→ .... finire	→ .... voi	→ .... preferire	→ .... tu
→ .... avere	→ .... loro	→ .... essere	→ .... lui

E3 *I vicini di casa in via Botticelli*

Completa il testo con i verbi, le desinenze, le preposizioni e gli aggettivi possessivi.
G → 1.4, 1.11, 1.13, 2.1, 2.2, 2.3, 2.4, 2.6, 3.6

.... vicini d.......... palazzo .... via Botticelli .... (essere) molt.......... divers.......... A.......... (1°) .... piano .... (abitare) la Signora Fiorello c.......... .... cane. Lei .... (essere) u.......... donna di ottant'anni, non .... (sentire) molto bene e .... (dimenticare[1]) sempre tutto. Sopra di lei .... (abitare) Giuseppina e Giuseppe Giglio con .... (loro) figli Giusy e Gianluca, due ragazz.......... .... 17 e di 15 anni a cui piace ascoltare la musica a tutto volume[2]. Al .... (3°) piano .... (vivere) il professore Carlo Pistoia e .... madre Angelica. Lui è un uomo tranquill.......... e che .... (odiare) ogni tipo di rumore. .... lui .... (piacere) la letteratura e per questo .... (leggere) tutto il giorno e tutta la notte. Quando non .... (riuscire) .... concentrarsi a causa d..........[3] rumore che fanno Giusy e Gianluca, spesso .... (aprire) la finestra e .... (cominciare) a gridare[4]. Ma Giusy e Gianluca non .... (abbassare) il volume[5] perché non .... (sentire) il professor Pistoia. Allora Angelica .... (dire): "Carlo, ... (stare) tranquill..........! Loro .... (essere) giovan.......... Non .... (gridare)! .... (fare) attenzione a.......... cuore[6]! Ti .... (fare) una camomilla, dai!"

→

[1] dimenticare: *vergessen;* [2] a tutto volume: *mit voller Lautstärke;* [3] a causa di: *wegen;* [4] cominciare a gridare: *anfangen zu schreien;* [5] volume: *Lautstärke;* [6] il cuore: *Herz*

E così sua madre .... (andare) .... cucina, ... (fare) la camomilla e .... (portare) anche alcuni biscotti.

A...................... .... (4°) piano .... (abita) Anna, ... insegnante giovan...................... Lei .... (andare) .... scuola .... motorino. Non è quasi mai a casa: .... (uscire) presto e .... (rientrare) tardi perché d............... sera s'incontra spesso .... gli amic............... Anna .... (preferire) stare in compagnia. Qualche volta lei e gli amici .... (andare) al bar .... bere qualcosa, ... (guardare) un film a............... cinema o .... (fare) sport insieme.

All'ultimo piano[1] .... (esserci) l'appartamento d............... fotografo Gigi. Lui .... (avere) una ragazza ingles............... che .... (lavorare) come guida turistica. .... (sapere) parlare .... italian..............., ...ingles............... e .... frances.................. perché .... padre .... (venire) dalla Francia. .... pianterreno .... (esserci) .... ristorante "............... Mario". U............... volta a............... anno tutti gli inquilini[2] si .... (dare) appuntamento e s'incontr.............................. al ristorante e .... (mangiare) insieme. Poi Mario .... (offrire) un aperitivo e tutti .... (fare) il brindisi[3] – pure il signor Pistoia quella sera .... (festeggiare) ed è content...............

E4 *La casa che ...*

*Abbina le frasi con il pronome relativo **che**.* **G** → 3.12

1. I figli dei vicini sono molto simpatici. Sono anche molto rumorosi.
2. La camera di Filippo è molto caotica. Si trova accanto alla cucina.
3. Lo studio del padre è molto grande. Ha tanti scaffali pieni di libri.
4. La nonna fa le torte buone. Abita nell'appartamento sopra di noi.
5. Mario lavora al ristorante. Il ristorante si trova al pianterreno.
6. Il letto è molto comodo. Il letto è accanto all'armadio.
7. Le sorelle di Mario fanno tanto sport. Loro sono molto attive.
8. Il signor Carlucci è molto anziano. Lui ha un cane. Il cane abbaia sempre.

[1] all'ultimo piano: *im letzten Stockwerk;* [2] gli inquilini: *Mieter, Hausbewohner;*
[3] fare il brindisi: *mit einem Trinkspruch auf etwas anstoßen*

Kompetenzorientierte Aufgaben

4 **E1** *Affittare una camera*

1. Livello base

Leggi prima le domande. Poi ascolta bene due volte e rispondi alle domande. Qualche volta puoi fare anche più di una crocetta.

1. Come si chiama il signore chiamato? (Wie heißt die angerufene Person?)
   ☐ signor Costamagna ☐ signor Filipo ☐ signor Zanardo
2. Chi è Enzo?
   ☐ fotografo ☐ studente ☐ turista
3. Di dov'è Enzo?
   ☐ Padova ☐ Torino ☐ Treviso
4. Enzo cerca un appartamento.
   ☐ È vero.
   ☐ È falso, ma ....
5. Com'è la stanza?
   ☐ piccola ☐ grande ☐ luminosa
6. Quanto costa la camera?
   ☐ 200 € al mese ☐ 200 € all'anno ☐ 220 € al mese
7. Dov'è la casa?
   ☐ di fronte alla biblioteca ☐ accanto all'università ☐ in centro
8. Enzo vuole parlare con i genitori.
   ☐ È vero.
   ☐ È falso, ma ....

2. Livello avanzato

Ascolta il testo due volte e rispondi alle domande:

1. Come si chiamano le persone che parlano al telefono?
2. Perché parlano al telefono?
3. Cosa sapete di loro? (famiglia, lavoro)
4. Dov'è la casa?
5. Com'è l'appartamento?
6. Come finisce la telefonata?

3. Paragona i risultati con il tuo partner e fate un disegno (con parole, con simboli, etc.) per mostrare bene la situazione.

E2 *Il nuovo vicino di casa*

Due vicini di casa si incontrano per la prima volta per le scale. In due sviluppate il dialogo (domande e risposte) usando anche le informazioni nella tabella. Dopo presentate il dialogo, ma senza leggerlo.

A	B
- Stefano, 18, neuer Nachbar	- Sibilla Cicero, 17, Nachbarin
- Wohnung: Dachgeschoss	- Familie: Tochter von Luigi und Maria, ein Bruder: Simone, 12 Jahre alt
- Umzug -> trägt mit einem Freund noch die Wohnzimmermöbel nach oben (nenne mindestens fünf!)	- Wohnung: 1. Etage, über der Bäckerei
- Außerdem: sucht ein neues Bett, fragt nach möglichen Freizeitaktivitäten in der Stadt	- Außerdem: bietet ein Bett an, da ihre Eltern sich ein neues kaufen; kennt sich gut in der Stadt aus und nennt einige Freizeitmöglichkeiten

E3 *Caro Leonardo ...*

Il tuo amico Leonardo ti scrive questa lettera:

Caro amico/cara amica,
grazie del tuo invito di venire a casa tua in Germania. Vengo molto volentieri! È la prima volta che visito la Germania. Cosa c'è da vedere? Com'è la tua città? Dove abiti, in periferia o proprio in centro? Ci sono altre città vicino? Con chi abiti e com'è la tua camera? Dove posso dormire io? Che cosa fai nel tuo tempo libero?
Come vedi ho tante domande. Ma forse trovi il tempo per rispondere. Sono curioso e un po' nervoso. ☺
A presto e tanti saluti,

Leonardo

Rispondi alle sue domande in forma di una lettera. Confronta la strategia "scrivere una lettera/un'e-mail" nel libro.

E4 *Il mio appartamento*

Siete fortunati e fate uno scambio con una scuola italiana. Fra pochi giorni arrivano da voi in Germania i vostri partner italiani con i loro insegnanti. Ci rimangono per una settimana. In un'e-mail descrivi il tuo appartamento/la tua casa al tuo partner italiano.

E5 *Cercare una camera*

Tu sei una studentessa tedesca/uno studente tedesco che parla bene l'italiano. C'è una tua amica italiana che cerca una camera nella tua città. L'amica si chiama Laura (18, di Palermo) e ti telefona per chiedere se conosci qualcuno che affitta una camera. Tu conosci Paul, un ragazzo tedesco che cerca un nuovo coinquilino. Per caso arriva proprio in questo momento a casa tua. Paul non sa parlare l'italiano e Laura ancora non parla bene il tedesco. Allora tu aiuti a fare la telefonata e fai da mediatore/da mediatrice.
Lavorate in tre: Uno fa Laura e parla italiano, uno fa il mediatore/la mediatrice, il terzo è Paul.

Laura		Paul
Stellt sich kurz vor: Name, Alter, Herkunft, Pläne.	↔	…
…	e ↔ r	Wie schön! Sag ihr, dass sie Glück hat, da ich gerade einen neuen Mitbewohner/eine neue Mitbewohnerin suche. Wann will sie kommen und wie lange will sie bleiben?
In zwei Monaten, für ein Jahr. Macht einen Sprachkurs und dann ein Praktikum (uno stage). Erkundigt sich, was er macht und was ihm gefällt.	↔	
…	o ↔ t	Ah, interessant. Ich bin 20 Jahre alt und studiere Medizin. In meiner Freizeit spiele ich gerne Tennis, treffe mich mit Freunden und spiele Gitarre. Ich hinterlasse gerne mal ein Chaos. Bin also chaotisch, aber lernfähig. Wenn sie ordentlich und geduldig ist, würden wir uns super ergänzen.
Ist begeistert, da sie ebenfalls gerne Sport macht, am liebsten Tanzen, spielt auch Gitarre. Außerdem liest und kocht sie gerne. Sie hat drei kleine Brüder und kennt Chaos in der Wohnung. Fragt, ob das Zimmer möbliert ist und wie die Wohnung aussieht.	a ↔ i	…
…	d ↔ e	Ja, das Zimmer ist möbliert. Es hat ein bequemes Bett, einen Schreibtisch und einen Schrank. Außerdem zwei Bücherregale, passend für ihre Bücher, sowie einen gemütlichen Sessel. Die Wohnung ist hell und geräumig. Es gibt eine große Küche, in der sie gerne kochen kann, und zwei Bäder. Außerdem noch ein Wohnzimmer mit TV am Endes des Flures und Balkon zum Garten. Die Wohnung ist im 3. Stock eines modernen Wohnhauses.
Erneute Begeisterung. Besonders dass die Küche groß ist, gefällt ihr. Erkundigt sich nach Lage der Wohnung.	m ↔	
…	↔	Sehr zentral, mit einer Bushaltestelle direkt vor der Haustür.

Kosten?	↔	...
...	↔	250,00 €/Monat
Ist einverstanden. Würde aber gerne ein Foto vom Zimmer sehen. Fragt, ob er ihr via E-Mail eines schicken kann: laura@tiscali.it. Meldet sich heute Abend zurück.	↔	...
...	↔	Klar, kein Problem. Sie muss sich aber bald entscheiden, da morgen eine Anzeige (un annuncio) in die Zeitung kommt. Ich würde mich freuen, mit einer sympathischen Italienerin zusammen zu wohnen. Ach ja, sag ihr, dass ich einen Hund habe, Rocco, und hoffe, dass sie Hunde mag.
Sie liebt Hunde. Sie geht öfter mit dem Hund ihrer Nachbarin spazieren. Dann verabschiedet sie sich mit dem Hinweis, sich später zu melden!	↔	...
...	↔	In Ordnung.

mediatore

E6 *Il dizionario bilingue ti aiuta ... (II). Das zweisprachige Wörterbuch hilft dir ... – Alles gut = tutto bene? Parole ambigue.*

Du willst in den folgenden Wendungen das Wort „gut" treffend ins Italienische übersetzen:

1. Lea ist eine **gute** Freundin. Lea è una .... amica.
2. Wenn morgen das Wetter **gut** ist, ... Se domani fa .... tempo, ...
3. Am Meer geht es uns **gut**. Al mare stiamo ....
4. Du hast **gut** reden! Hai un .... dire!
5. Christian ist **gut** in Italienisch. Christian è .... in italiano.

1. Schreibe zuerst für dich alleine deine Ideen auf. Vergleicht dann zu zweit eure Lösungen.

2. Dann schlagt im Wörterbuch nach. Wie habt ihr die passende Übersetzung gefunden? Seid ihr sicher? Habt ihr auf die Abkürzungen geachtet, die euch auf die gesuchte Wortart hinweisen? Schaut im Abkürzungsverzeichnis des Wörterbuchs nach, wenn ihr nicht sicher seid.

La mia settimana

T1 Il lunedì di Laura

E1 Marta ha sempre tanto da fare ...

Metti l'articolo se necessario. **G** → 4.2

1. .... lunedì ho un appuntamento[1] dal dentista.
2. .... martedì devo lavorare fino alle 6.
3. .... mercoledì incontro gli amici all'allenamento di volley.
4. Mio fratello viene a trovarmi .... giovedì. È da tanto che non ci vediamo.
5. .... venerdì posso dormire a lungo. Gli altri giorni invece mi alzo alle sei.
6. .... sabato sera io e il mio ragazzo andiamo in discoteca per festeggiare il suo compleanno.
7. .... domenica vado sempre in chiesa.

E2 Che ore sono?

1. *Scrivi l'ora con le cifre.* **G** → 4.1

1. .... Sono le otto meno venti.
2. .... È mezzogiorno e un quarto.
3. .... È mezzanotte meno dieci.
4. .... Sono le tre e ventidue.
5. .... È l'una di notte.
6. .... Sono le undici e dieci.

2. *Scrivi l'ora in una frase.*

1. 13:00 : ....
2.  : ....
3. 17:25 : ....
4. 00:00 : ....
5. 16:40 : ....
6.  : ....

3. *Abbina le parti e scrivi una frase di senso compiuto.*

06:30	io	mettere in ordine la camera
08:05	tu	incontrarsi con ... per ...
21:00 – 03:00	il mio amico	alzarsi
19:00 – 23:00	la mia insegnante	lavarsi i denti
16:15	noi	sbrigarsi per arrivare in tempo
13:45 – 14:30	voi	divertirsi in discoteca
07:20	mamma e papà	guardare la TV
09:50	gli amici	fare una passeggiata nel parco
22:20	mia sorella ed io	riposarsi un po'
2:55 – 14:00	tu e il tuo cane	addormentarsi
17:40	il vicino di casa	vestirsi

[1] l'appuntamento: *Termin*

E3 *Ci sono certe situazioni ...*

Che cosa si dice in queste situazioni? Usa l'imperativo.

1. Tuo fratello arriva sempre in ritardo a scuola. Che cosa dici?

   ....

2. Fuori fa brutto tempo, ma i ragazzi vogliono uscire.

   La mamma: ....

3. Devi andare in bagno, ma è occupato. C'è tua sorella. Che cosa dici?

   ....

4. Vuoi andare in discoteca, porti una minigonna e sei molto truccata.

   Il papà: ....

E4 *Di prima mattina, tra sorelle ...*

Completa il brano con le forme dei seguenti verbi e coniugali correttamente. **G** → 4.3

alzarsi (2) - svegliarsi - incontrarsi (2) - lavarsi (2) - sbrigarsi - farsi (2) -
riposarsi - asciugarsi (2) - pettinarsi (2) - vestirsi - truccarsi (2)

Mamma: Ragazze, ... È ora di alzarsi. Sono già le sette e mezza.

Beatrice: Vado per prima in bagno oggi, ... la doccia e .... i capelli con lo shampoo alla rosa.

Eleonora: Uffa, io .... voglio .... e ho tutto nel bagno.

Beatrice: Truccati in camera e .... Sei sempre così lunga a scegliere i vestiti!

Eleonora: Pensa per te e .... dieci minuti prima la prossima volta che vuoi .... i capelli.

Beatrice: Oggi voglio essere bellissima, ... con Gianni, il ragazzo della quinta b.

Eleonora: Allora .... anche tu e .... bene con il pettine prima di .... i capelli.

Beatrice: Senti chi parla. Ma se tu non .... mai?

Eleonora: Ho i capelli corti e non .... con il ragazzo più bello della scuola.

Mentre aspetto .... ancora un po'. Dormo sempre poco d'estate e al mattino sono stanca.

Beatrice: Attenta a non addormentarti di nuovo.

Mamma: Ragazze, cosa fate? Eleonora, ... subito dal letto e non perdere tempo a truccarti. Andiamo in stazione, non in discoteca!

Beatrice, ... la doccia e .... bene i capelli col phon. Poi scendete a far colazione. Ecco, alla sera non andate mai a dormire e al mattino .... tardi. Siete sempre in ritardo!

T2 Chi cerca trova

E1 *Una parola di troppo*

Trova l'intruso e sottolinealo.

1. austriaco – francese – tedesco – allegro – turco – danese
2. il negozio – il cliente – vendere – il prezzo – gennaio – comprare
3. l'università – ballare – studiare – la bacheca – il corso – il professore
4. domenica – mercoledì – lunedì – sabato – giorno – martedì
5. sapere – la domanda – chiedere – il piede – conoscere – rispondere
6. il giorno – il mondo – il minuto – la settimana – l'anno – l'ora
7. vestirsi – pettinarsi – riposarsi – lavarsi – farsi la doccia – truccarsi

E2 *Dan scrive un'e-mail a Elisa*

Metti gli aggettivi. **G** → 2.5

caro – bello – moderno – difficile – simpatico – altro – inglese – tedesco – danese – austriaco – nuovo – americano – spagnolo – piccolo – luminoso – tanto

.... Elisa,

come stai? Adesso ti scrivo la mia prima e-mail in italiano! Da una settimana sono qui a Milano. Milano è una .... città – ed è anche molto .... All'università, studio anche l'italiano: è una lingua non tanto ....! I ragazzi del corso sono tutti .... Ci sono .... studenti che vogliono studiare l'italiano: Jamie e Ted, due ragazzi .... di Londra, Katrin, una ragazza .... di Berlino, Stig, un ragazzo .... di Copenaghen e due studentesse .... di Vienna. Poi ho una camera .... insieme a Matthew, un ragazzo .... di Chicago. Filipa, una studentessa .... di Madrid vive anche nell'appartamento. La camera è un po' .... ma molto ....

.... saluti,

Dan

E3 *Numeri in disordine*

Ordina le lettere e trova i numeri. **G** → 1.15, 4.5

CETDIIR	QUNATAAR ....
TAQUROATTON	TEACQUNNASSEIS ....
EUMUADOILN	NOTTOTTOTA ....
VOINEENVT	CNRICENNATOQUTTAÉ ....

LIMEL .... NU LIOMEIN ....

→ *Faccia a faccia – Incontrare gli amici non è sempre così facile (pag. 93)*

E4 *Che cosa si fa in altri paesi ... o sono tutti cliché?*

Forma frasi e usa il "si" impersonale. Poi, con un partner, discutete se sono vere o no. **G** → 4.11

In Germania	bere molta birra
In Francia	mangiare tanta pasta
Nei Paesi Bassi	parlare inglese
In Svezia	amare molto la famiglia
In Italia	fare complimenti alle donne
Negli Stati Uniti	essere molto religiosi
In Svizzera	essere sempre in ritardo/puntuali
In Russia	amare il calcio
Nell'Unione Europea	avere tanti figli
In Inghilterra	mangiare malissimo
In Turchia	lavorare poco/tanto
In Polonia	aiutare sempre tutti
	parlare tre lingue
	bere il té alle cinque del pomeriggio

E5 *Una bella giornata a scuola (quasi come tutti i giorni ...)*

Completa con la forma giusta di **tutto** *e metti l'articolo determinativo quando è necessario.* **G** → 4.13

.... alunni sono in aula e aspettano il professore. Sono .... contenti perché .... amano le lezioni d'italiano. .... ragazzi lavorano sempre .... giorno. Per questo capiscono sempre .... ragazze hanno fatto .... compiti. Il professore arriva ed è .... contento. "Buongiorno, ragazzi, state .... bene?" "Stiamo .... benissimo", dice Carlo che parla sempre per .... Dopo la lezione, ... sono contenti e vanno in pizzeria, ... insieme. Prendono .... pizze che ci sono e mangiano .... Dopo la pizza .... prendono anche un caffè .... nero. E dopo ... . sono stanchi e vogliono andare a casa.

"Ciao a .... !" dice il professore e saluta[1] .... studentesse e .... studenti.

[1] salutare qn: *jdn begrüßen; verabschieden*

E6 *'Sapere' o 'potere'?*

Completa le frasi con il verbo e la coniugazione adatta. **G** → 2.8, 4.12

1. .... riposarti dopo la scuola?
2. .... (noi) andare in discoteca domani sera?
3. I ragazzi .... usare il dizionario?
4. Io non .... di che nazionalità è Marc. Ma .... chiedere a lui.
5. .... (voi) aiutare Carlo a imparare i vocaboli nuovi?
6. Giulia .... dormire da Gianna oggi.
7. Luca, cinque anni, ... andare in bicicletta, i suoi fratellini invece non lo ....
8. .... (loro) prendere l'autobus per andare a scuola o devono andare a piedi?
9. Franca, ... quante regioni ha l'Italia? Sì, ma non ti .... dire il nome di tutte.
10. Senza occhiali[1] il signor Paolucci non .... leggere il giornale.
11. Che lingue .... (voi) parlare?

E7 *Una stanza in affitto a Perugia*

Leggete attentamente le istruzioni e fate un dialogo. Lavorate a coppie e simulate il dialogo davanti alla classe.

Studente A
Stai cercando un coinquilino per il tuo appartamento. Il tuo annuncio si trova nella bacheca dell'università. Ricevi una telefonata da un/a ragazzo/a straniero/a. Ha un accento un po' strano e chiedi da che paese viene, quanti anni ha e se sa l'inglese. Condividi già l'appartamento con Jane, una ragazza di diciannove anni di San Francisco che parla solo inglese. Spieghi che l'appartamento è vicino al centro linguistico e l'affitto costa 200 euro al mese. C'è anche una connessione ad Internet ma non è inclusa nell'affitto: costa 15 euro al mese, a persona.

Studente B
Sei arrivato da poco a Perugia per partecipare ad un corso di italiano ma ancora non hai un posto dove dormire. Nella bacheca dell'università trovi il seguente annuncio:
"AFFITTASI CAMERA SINGOLA, AMPIA E LUMINOSA CON VISTA SULLA CITTÀ. VICINA AL CENTRO LINGUISTICO E LIBERA DA NOVEMBRE FINO A GIUGNO, PREFERIBILMENTE A RAGAZZO/A STRANIERO/A. TELEFONARE ORE PASTI. GIANFRANCO 075 0212208. NO PERDITEMPO. URGENTE!"
Decidi di telefonare: ti presenti (nome, nazionalità, età, lingue conosciute) e chiedi se in casa ci sono altri studenti stranieri. Vuoi sapere la loro provenienza e la loro età. Chiedi anche quanto costa l'affitto e se c'è una connessione ad Internet.

[1] gli occhiali: *Brille*

T3 Indovina chi è

E1 Cruciverba: Fare shopping...

verticali

1.

4.

5.

6.

7.

8.

... e com'è la soluzione?

....
1 2 3 4 5   6   7 2 8 9 10   11 12 13 14   15 2 16 1 17

(un proverbio italiano)

orizzontali

1.

2.

3.

9.

10.

11.

12.

13.

14.

15.

E2 *I colori della moda*

Secondo te, quali sono i nuovi trend dell'anno prossimo? Leggi questo testo e completa le frasi con i colori e altre descrizioni varie (p. e. chiaro – scuro, stretto – largo, lungo – corto, ecc.). Fai attenzione alle desinenze adatte. **G** → 4.14

In primavera tornano i colori .... Jeans .... , abiti .... e gonne .... – combinati con maglie o camicie .... – questo è uno dei trend del momento.

Per gli uomini i colori che caratterizzano la moda sono il .... e il .... Gli uomini fashion devono indossare pantaloni .... e giacche ....

In estate, ovviamente non devono mancare i colori .... Provate a mettere pantaloni corti .... con un t-shirt .... e scarpe ....

Le ragazze eleganti indossano abiti .... con cinture .... e scarpe ....

Ecco i colori must per l'autunno e l'inverno: i colori della stagione sono naturalmente i colori della natura come il .... e il .... I capi[1] più trendy dell'autunno sono gonne .... con stivali .... e cappotti[2] .... Non dimenticate gli accessori: sono di moda anche i berretti .... e gli occhiali ....

→

[1] il capo: hier: *Kleidungsstück;* [2] il cappotto: *Mantel*

Per gli uomini fashion gli abiti .... o .... incontrano il gusto del nostro tempo. I più giovani indossano pantaloni .... e felpe ....

Buono shopping a tutti!

E3 ***L'Italia in numeri***

Per rispondere alle domande guarda le carte geografiche nel libro, fai una ricerca su Internet e completa con i numeri adatti.

1. L'Italia ha .... regioni, ... province e .... comuni.
2. L'Italia ha una popolazione di ca. .... di abitanti.
3. L'Italia confina con[1] .... paesi: ....
4. L'italiano è la lingua ufficiale, ma .... lingue sono riconosciute co-ufficiali in alcune regioni: ....
5. L'Italia ha una superficie di .... km².
6. Le .... isole maggiori si chiamano ....
7. La bandiera[2] italiana ha .... colori: ....
8. La montagna più alta d'Europa, il Monte Bianco, ha un'altezza di .... m.
9. Il Gran Sasso invece, la montagna più alta degli Appennini, è alto .... m.
10. Le coste italiane hanno una lunghezza di .... km.
11. Il fiume[3] più importante è il .... che è lungo .... km.
12. L'Italia ha .... grandi vulcani attivi: ....
13. .... città in Italia hanno più di un milione di abitanti: .... (con ca. .... abitanti), ... (con ca. .... abitanti).

[1] confinare con qc: *an etw. grenzen;* [2] la bandiera: *Flagge;* [3] il fiume: *Fluss*

Kompetenzorientierte Aufgaben

E1 La giornata della famiglia Barbieri

5 – 6

21 Lunedì

	si alza
7:10	
	fanno colazione
8:00	
	va al lavoro
12:30	
	torna a casa
il pomeriggio	
	a.
	b.
	c.
verso le sei	
	cenano
verso le undici	

E2 Annunci alla stazione centrale di Milano

7 – 9

Per quale destinazione, quando e da quale binario partono i treni?

	destinazione	ore	binario
1.			
2.			
3.			

E3 Che vita fai?

Partecipi ad uno scambio con una scuola italiana. Prima di venire in Germania, il tuo partner ti chiede di descrivere una giornata tipica della tua vita: quando ti alzi, quando vai a scuola, quando mangi, che cosa fai nel tempo libero. Scrivi un'e-mail e descrivi la tua giornata tipica.

E4 Un mio compagno di classe

1. *Fai un'intervista ad un compagno/una compagna. Scegli una persona del corso che non conosci bene. Chiedi: nome, cognome, indirizzo, nazionalità, famiglia, scuola, carattere, vestiti preferiti, colori preferiti, attività nel tempo libero. Prendi appunti. Poi scambiate i ruoli.*

2. *Presenta un compagno di classe: il suo nome e cognome, il suo indirizzo, il luogo di nascita, la nazionalità, la sua famiglia, la scuola, la classe, il carattere, i suoi vestiti preferiti, i suoi colori preferiti, le attività nel tempo libero.*

E5 *La colazione in Germania e in Italia*

Du bist in Italien bei deiner italienischen Gastfamilie. Deine Gastmutter findet in einer deutschen Zeitschrift einen Artikel zu den Frühstücksgewohnheiten der Deutschen. Obwohl sie seit einiger Zeit Deutsch lernt, versteht sie noch nicht alles und bittet dich deshalb um Hilfe.

1. *Du gibst die Hauptinformationen wieder und erklärst, inwieweit du mit ihnen übereinstimmst.*

Wie frühstücken die Deutschen?

In Deutschland gehört das Frühstück zu den wichtigsten Mahlzeiten am Tag. Die Deutschen frühstücken sehr reichhaltig. Brot und Brötchen gehören zu jedem Frühstück dazu. Wer es süß mag, greift zu Marmelade, Honig oder Nuss-Nougat-Creme, wer das herzhafte Frühstück bevorzugt, wählt Wurst, Schinken oder Käse. Am Sonntag darf das Frühstücksei - oder auch ein leckeres Rührei - nicht fehlen. Durch Cornflakes oder Müsli mit Joghurt und frischen Früchten wird das Frühstück zu einer ganz besonderen Gaumenfreude. Natürlich gibt es auch heiße Getränke wie Kaffee, Kakao oder Tee. Auch der italienische Cappuccino gehört bei vielen inzwischen zum Frühstück dazu. Ein frisch gepresster O-Saft macht den gesunden Start in den Tag perfekt.

2. *Du diskutierst mit deiner Gastmutter die Unterschiede zum italienischen Frühstück.*

Incontri di famiglia

T1 Un viaggio importante

E1 *Parole incrociate*

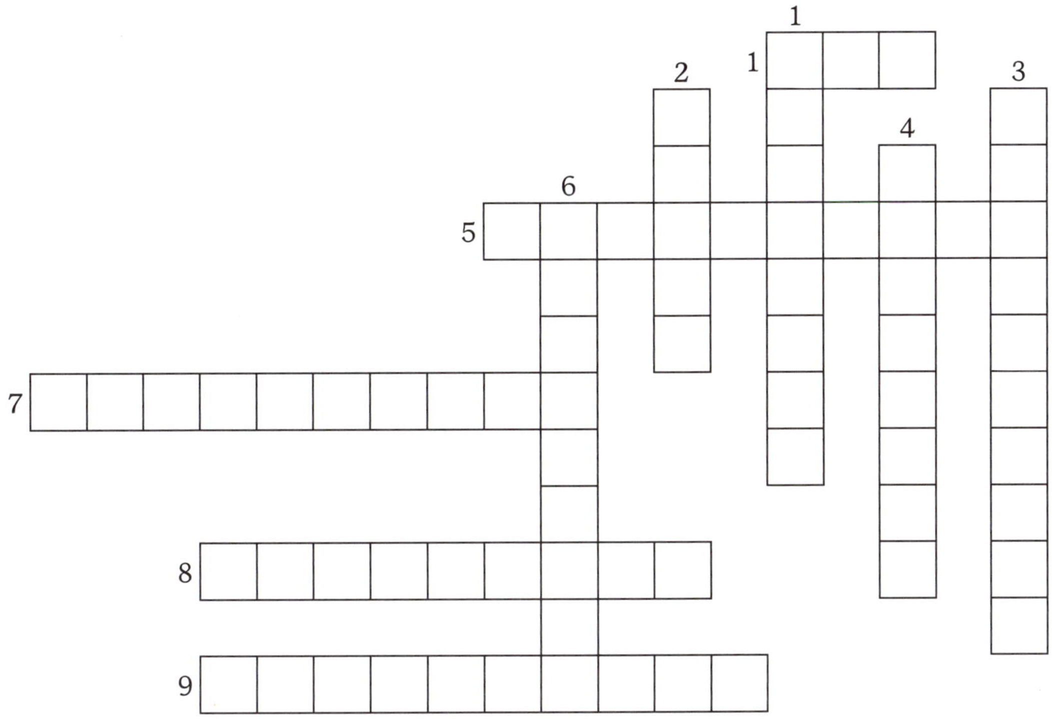

orizzontale
1. il contrario di nord
5. non sono più marito e moglie
7. il contrario di domandare
8. il telefono da portare in tasca
9. una persona che costruisce case

verticale
1. dove arrivano e partono i treni
2. la Sicilia è un'...
3. 1000 metri fanno un ...
4. dire "buongiorno" o "ciao"
6. è quello che fa un professore a scuola

E2 *Prima del matrimonio*

1. Rispondi alle domande e usa il pronome diretto. **G** → 5.1

1. Chi compra i fiori? .... compra la zia.
2. Dove incontrate la vostra amica? .... incontriamo davanti alla chiesa.
3. Chi va a prendere zio Giuseppe? Gino .... va a prendere con la macchina.
4. Dove i genitori comprano i regali per Serena? .... comprano a Roma.
5. Chi può accompagnare la nonna? Noi .... possiamo accompagnare.

2. Rispondi alle domande con una frase negativa e metti il pronome al posto del complemento.

1. Cristina conosce Elena, la sorella di Luca? – No, ...
2. Prendi il taxi per andare alla festa? – No, ...
3. Ragazzi, vedete la zia di Enrico? – No, ...

4. Zio Giuseppe fa le foto? – No, ...

5. Serena, inviti anche Francesco alla festa? – No, ...

6. Mamma, mi puoi aiutare con la cravatta? – No, ...

E3 *Una famiglia napoletana*

1. *Qui trovi molte informazioni su nove persone che devi combinare in modo che alla fine risulti un albero genealogico di tre generazioni con i nomi di tutti i membri della famiglia.*

Adriana
- Sua suocera è nata al Nord.
- Suo nipote è un tipo sportivo.
- Lavora in un negozio.
- Sua cognata viene spesso a casa sua per fare il baby-sitter.

Stefano
- Non ha fratelli o sorelle.
- Ha quindici anni.
- Non ama molto le sue due cugine.
- Ma ama tutti gli sport, soprattutto il calcio e il tennis.

Alberto
- È farmacista, suo padre è architetto.
- Le sue due figlie sono bionde.
- Sua sorella è sposata con un uomo che ama ballare.

Maria
- Con suo marito va spesso in discoteca.
- Ha due nipoti: una è ancora piccola, l'altra lavora già.
- Fa la baby-sitter per aiutare in casa di suo fratello.

Lina
- È di Trento.
- Ha una figlia, un figlio e tre nipoti.
- Suo marito è architetto.

Elisa
- Non va ancora a scuola.
- Passa molto tempo con sua zia.
- Suo padre non è architetto.
- Suo cugino gioca a calcio.

Valeria
- Sua sorella non va ancora a scuola.
- Sua nonna è trentina.
- Da due mesi lavora in un ufficio postale.

Giovanni
- Ha due figli.
- Disegna case.
- Sua nuora[1] lavora in un negozio.

Marco
- Ama ballare.
- Sua cognata vende CD in un negozio del centro.
- Suo figlio ha quindici anni.

2. *Ora mettetevi in due. Il primo partner fa una domanda su un membro della famiglia (per sapere il suo nome, il suo lavoro ecc.), l'altro risponde – e poi viceversa. Esempi: "Come si chiamano le figlie di Alberto?" "Che lavoro fa il padre di Maria?"*

[1] la nuora = la moglie del figlio

T2 Il matrimonio a Ravello

E1 *Essere o avere?*

*Scrivi i participi nella tabella. Attenzione: ci sono due verbi che usano '**essere**' e '**avere**'.* **G** → 5.2

invitare	scegliere	spegnere
durare	aprire	visitare
chiamare	cadere	venire
leggere	vedere	essere
prendere	bere	piacere
cominciare	finire	piangere
descrivere	fare	dare
offrire	potere	viaggiare

con avere	con essere
invitato … … … …	

E2 *La sposa*

Serena, la sposa di Luca, racconta come ha vissuto le ultime ore prima della cerimonia. Metti i verbi tra parentesi al passato prossimo. **G** → 5.2

Mamma mia, le ultime ore prima della cerimonia .... (essere) stressanti! Ma per fortuna, Cristina, mia cugina, mi .... (aiutare) molto. La mattina presto lei .... (passare) dal fioraio per prendere i fiori. Poi .... (venire) a casa mia per starmi vicina. Poco dopo mezzogiorno .... (suonare) la parrucchiera che mi .... (pettinare) e .... (truccare). Cristina intanto mi .... (preparare) una camomilla per farmi calmare. Mia madre mi .... (dire) almeno cinque volte che una sposa deve anche mangiare, ma non .... (poter mangiare) proprio niente.

Alle tre finalmente .... (arrivare) Renato, il compagno di Cristina, che mi .... (portare) in macchina in chiesa. Quando noi .... (arrivare), ... (vedere, io) subito tutti gli amici e parenti davanti al portone della chiesa ad aspettarmi:

che emozione! Mio padre .... (aprire) la porta della macchina e mi .... (accompagnare) in chiesa. E, quando .... (entrare) in chiesa, ... (vedere) Luca. Alle tre e mezza .... (cominciare) la cerimonia.

E3 *Il matrimonio*

Mettetevi in due e fate una mappa concettuale sul tema. Vi aiutano il testo T 2 e anche le parole degli esercizi di questo capitolo della lezione. (→ Strategia 2)

E4 *La famiglia Chigi*

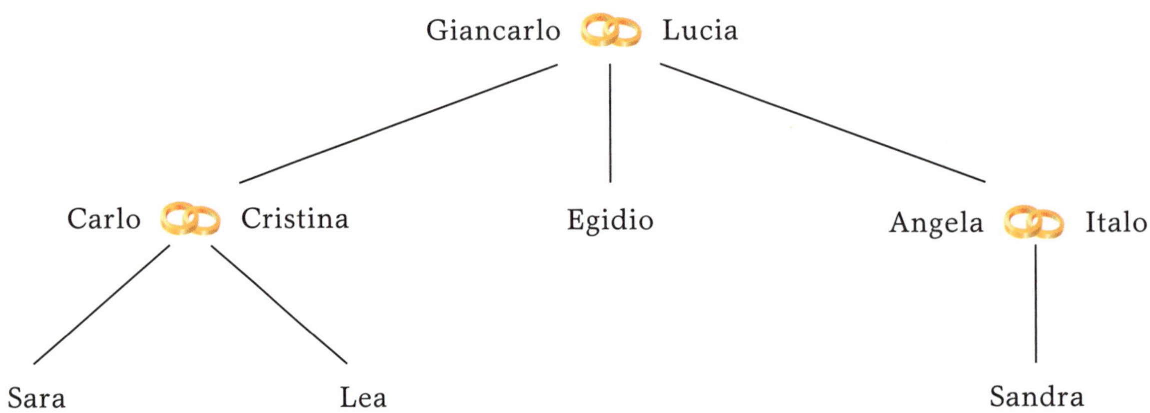

1. Completa le frasi che dicono le persone con i nomi di parentela. **G** → 2.6.3, 3.6.2

Modello:

Lea: "I miei genitori si chiamano Carlo e Cristina e abitano a Salerno. Mia cugina Sandra è una persona molto allegra."

Carlo: "Italo, ... di Angela, lavora a Napoli e ogni giorno fa tanti chilometri in macchina."

Egidio: "Non sono sposato e non ho ...., ma amo molto .... Sara, Lea e Sandra."

Lucia: "Amo tutti i miei figli, e vado d'accordo anche con Cristina, ... di Carlo, mentre Italo, ...

di Angela, mi è un po' antipatico. Non so mai di che cosa parlare con lui."

Sandra: ".. Egidio è sempre allegro e quando ci vediamo mi porta dei regalini. .... Cristina invece è troppo severa e non ride quasi mai."

2. E Lea e Italo? Che cosa pensano loro dei loro parenti? Inventa frasi.

Lea: "..."
Italo: "..."

E5 *Che bello!*

La zia Marta è invitata al matrimonio di Serena e Luca ed è tanto contenta.
Che cosa dice? Metti la forma giusta di ***bello****.* G → 5.4

Che .... sposa!
Che .... chiesa!
Che .... regali!
Che .... vestito!
Che .... uomo!
Che .... canto!
Che .... torta!
Che .... sposo!

E6 *Questo e quello*

Completa le frasi con l'aggettivo o il pronome dimostrativo. G → 5.3

1. .... biglietto è troppo caro, allora compriamo .... altro.
2. .... borsa qui è di Luisa, ... invece è la mia.
3. In .... pizzeria la pizza è buona, in .... dove siamo stati ieri invece non abbiamo mangiato bene.
4. Hai ragione, sono d'accordo con .... che dici.
5. .... anno non voglio andare al mare.
6. "Elisa, ti piacciono .... pantaloni lì in vetrina?" – "Quali? .... neri lì?"

E7 *Gioco (per tre o quattro persone)*

Tira il dado e va' avanti secondo il numero. Sulla casella c'è un verbo all'infinito che devi mettere al passato prossimo. Tira ancora il dado e il numero ti dice quale persona è richiesta. Se vai su una casella verde devi fare una frase intera che comincia con "ieri ...".

1 = io, 2 = tu, 3 = lei/lui, 4 = noi, 5 = voi, 6 = loro

I compagni devono decidere se la risposta è giusta. Se no: va' indietro di due caselle! Attenzione: i verbi in corsivo hanno il participio irregolare! **G** → 5.2

(Beispiel zur Spielregel: Der erste Mitspieler würfelt eine „3", landet also auf „fare". Dann würfelt er eine „4". Seine richtige Lösung ist „noi abbiamo fatto". Er darf stehen bleiben, der nächste ist dran.)

PARTENZA				
andare		sbrigarsi	comprare	vendere
sentire		giocare		studiare
fare		invitare		lasciare
leggere		festeggiare		applaudire
telefonare		*essere*		*dire*
mangiare		*piangere*		*dare*
finire		riposarsi		*aprire*
venire		cantare		potere
conoscere		*mettere*		perdere
avere		pulire		divertirsi
ballare		sapere		volere
scrivere		dovere		lavarsi
uscire	*rimanere*	*prendere*		**ARRIVO!!**

T3 *Un viaggio in mare*

E1 *La gita a Procida*

Metti i verbi sottolineati al passato prossimo. **G** → 5.5

1. Laura si sveglia presto alle sei. Si lava velocemente, si pettina, si trucca e prepara la borsa per la gita.
2. Anche Elisa la mattina presto prepara tutto: mette qualcosa da mangiare in una borsa e compra anche due bottiglie[1] d'acqua.
3. Laura incontra gli altri alla fermata del pullman e li saluta con entusiasmo.
4. Matteo e Tim si divertono a fare scherzi con Elisa, ma lei non fa attenzione a loro.
5. Alle 9 i ragazzi prendono l'aliscafo e partono per Procida. Chiedono all'impiegato l'orario per il ritorno e lui dice che l'ultima nave parte sempre alle sette di sera.
6. Quando arrivano a Procida prendono un cappuccino al bar del porto e poi decidono di fermarsi in spiaggia. Fanno il bagno e si divertono molto.

E2 *Attenzione errori!*

Trova l'errore e correggi la frase.

1. Gli ospiti sono arrivato alle tre.
2. Tutti hanno guardati la sposa quando è uscito dalla macchina e la hanno salutato.
3. Come sempre, la zia Franca ha arrivato in ritardo.
4. A Giorgio non ha piaciuto la festa.
5. Dopo la cerimonia in chiesa tutti sono andato al ristorante "Castello" e si hanno divertito.
6. Solo il giorno dopo la festa Serena ha aprito tutti i regali.

E3 *Tante parole nuove*

Spiegate il significato di queste parole in italiano.

1. il cellulare
2. divorziato
3. l'architetto
4. il cognato
5. fare quattro chiacchiere
6. il bicchiere
7. maggiorenne
8. il traghetto
9. speciale
10. il coro

Potete usare espressioni come
- è utile/necessario per ...
- è una cosa che serve a ...
- è una persona che ...
- significa che ...
- è il contrario di ...

[1] la bottiglia: *Flasche*

Kompetenzorientierte Aufgaben

E1 *Vacanze a Procida?*

Karlas Tante hat im Internet diese Seite gefunden, die offenbar über Möglichkeiten der Freizeitgestaltung auf der Insel Procida informiert. Allerdings versteht sie kaum Italienisch und bittet ihre Nichte, ihr zu helfen. Sie schreibt ihr eine E-Mail.

Liebe Karla,

kannst du mir helfen? Wir wollen im Juli wieder nach Italien und diesmal vielleicht nach Procida. Bergers waren letztes Jahr da und haben uns eine Pension empfohlen.

Du weißt, wie sehr ich Ausflüge aufs Meer mag. Was wird dort angeboten? Kann man von dort aus wohl auch andere Inseln besuchen? Und Onkel Robert lässt fragen, ob er eventuell eine Exkursion zu den Ausgrabungen von Pompeji machen kann oder ob das zu weit ist. Na ja, ... mir ist das im Sommer viel zu heiß und zu anstrengend.

Kannst du mir kurz die wichtigen Informationen zusammenfassen und unsere Fragen beantworten?

Grazie und viele Grüße
Anne

Versuche dem Text die gewünschten Informationen zu entnehmen und schreibe der Tante eine Antwortmail. (Tipp: Beachte die „Strategia" zur Sprachmittlung in deinem Buch; vielleicht hilft dir auch ein Blick auf eine Karte von Süditalien.)

Tempo libero

Per gli ospiti a cui piace la vacanza attiva Procida ha molto da offrire: attività sportive come culturali e naturalistiche. Immersioni[1] guidate[2] e corsi di diving sono una delle tante attività praticabili sull'isola.

Escursioni sul mare

Procida Holidays organizza diverse volte la settimana uscite in barca[3]: escursioni intorno all'isola con spiegazioni su storia e tradizioni isolane, snorkeling tours con un pescatore[4] subacqueo[5] e uscite di pesca. Oppure un semplice giro di relax con soste[6] alle numerose spiagge dell'isola per fare i bagni e godersi l'isola dal lato mare. L'alternativa impegnativa[7] è la giornata in barca a vela con pranzo a bordo, sempre organizzato da Procida Holidays, su richiesta[8] e prenotazione.

Escursioni partendo da Procida

Un altro punto forte dell'isola è la sua posizione strategica. Chi viene a Procida lascia indietro la vita della metropoli ma a Procida non si è fuori dal mondo: la terraferma infatti è raggiungibile[9] in un'ora di traghetto e in una mezz'ora di aliscafo. Numerose visite culturali e naturalistiche si organizzano facilmente da

[1] l'immersione: *Tauchen*; [2] guidato, -a: *geführt*; [3] la barca: *Boot*; [4] il pescatore: *Fischer, Angler*; [5] subacqueo, -a: *Unterwasser-*; [6] la sosta: *Pause, Rast*; [7] impegnativo, -a: *anspruchsvoll*; [8] la richiesta: *Anfrage*; [9] raggiungibile: *erreichbar*

Procida: Napoli con la sua vita abbondante, tra musei, chiese e shopping, i siti archeologici di Pompei ed Ercolano, Il Parco del Vesuvio, passeggiate nelle montagne della penisola sorrentina con vedute uniche sul Golfo di Napoli sono solo alcuni esempi di escursioni da fare facilmente in una giornata. Informazioni su gite individuali e su escursioni organizzate presso Procida Holidays nel suo Info-Point alla Marina Chiaiolella.

Mini crociere[1] nel golfo

ProcidaHolidays organizza regolarmente gite a Capri e in Costiera Amalfitana, a Ponza e Ventotene. È possibile prenotare presso i nostri uffici a Chiaiolella.

Quelle: http://www.isoladiprocida.it/tempo_libero_escursioni_itinerari_procida.php [gekürzt]

E2 *La festa*

Sabato sei stato/a a una festa. Racconta.

(Chi ha fatto la festa? Dove? Perché? Che cosa avete fatto? Che cosa avete mangiato e bevuto? ...)

E3 *Una data importante nella mia vita*

0 – 13

1. *Quattro persone parlano di un giorno o un momento molto importante nella loro vita. Ascolta quello che dicono e prova a completare la tabella nel tuo quaderno.*

	1	2	3	4
nome				
Che cosa è successo?				
Quando?				
Perché è stato così importante?				
Quale emozione ha provato?				

2. *E tu? Qual è stato un giorno molto importante per te? Racconta e spiega anche perché.*

E4 *Il dizionario bilingue ti aiuta ... (III) – Trovare la parola esatta – ma come?*

Manchmal braucht man recht lange, um im Wörterbuch das gesuchte Wort zu finden. Versucht bitte, die folgenden Sätze, die Stefan und Julia (vgl. ***In piazza,*** *Lez. 5, T 3, E 7) über ihre Arbeit mit Legambiente am Strand von Eboli erzählen, für Elisa und Laura ins Italienische zu übersetzen:*

1. Unglaublich, die Leute lassen Unmengen von Zeug am Strand liegen, wenn sie nach Hause gehen!
2. Da findet man Getränkedosen, alte Zeitungen, Zigarettenstummel, kaputte Sonnenschirme, leere Sonnencremeflaschen, überhaupt viel Plastikmüll.
3. Ich kann die Leute überhaupt nicht leiden, die sich so benehmen. Manchmal ist das richtig eklig.

Das Wort „Getränkedosen" z. B. findet sich in eurem Wörterbuch wahrscheinlich gar nicht. Wo habt ihr gesucht? Wie seid ihr vorgegangen? Stellt Tipps zusammen!

[1] la crociera: *Kreuzfahrt*

A scuola e non solo

T1 Martedì mattina: sorpresa!

E1 *Chi preferisce studiare cosa?*

Elena e Roberta sono sorelle ma frequentano due scuole diverse. Quali materie preferisce Elena che va al liceo linguistico? Quali materie studia invece più volentieri Roberta al liceo scientifico? Elena inoltre è un tipo molto sportivo mentre Roberta preferisce rilassarsi e visitare musei e mostre d'arte.

Ecco le materie: biologia, italiano, latino, matematica, fisica, educazione fisica, francese, storia dell'arte, tedesco, chimica, inglese

E2 *Trova l'intruso*

1. matematica – latino – scienze – fisica – chimica
2. gomma – matita – pennarello – evidenziatore – penna
3. banco – cattedra – lavagna – quaderno – sedia
4. argomento – pagella – tema – ricerca – tesina
5. preside – insegnante – studente – classe – bidello
6. esame – compito in classe – scambio culturale – maturità – interrogazione
7. link – computer – tastiera – schermo – mouse

E3 *Nell'intervallo, fra amici ...*

Tommaso e Alessio si incontrano nell'intervallo e parlano di quello che hanno fatto a scuola. Inserisci le parole mancanti negli spazi:

voto – aula computer – gita scolastica – risultati – ghetto – orario – siti – tema – blog – lezione – link – italiano – pagella – ricerca

Alessio: Ciao Tommaso, come stai?

Tommaso: Bene, e tu?

Alessio: Bene, grazie. Cosa avete fatto stamattina la prima ora?

Tommaso: È andata bene. Non abbiamo fatto .... secondo l'..................................

Alessio: E cosa avete fatto, allora?

Tommaso: Il prof di .... ci ha portati in ....
Abbiamo potuto fare la nostra .... su Venezia.

Alessio: E perché su Venezia?

Tommaso: Ma come? Non sai che andiamo a Venezia in ....
....?

Alessio: Che fortuna. E quale .... avete scelto?

Tommaso: Io e Damiano abbiamo cercato informazioni sulla zona del
.... Abbiamo cercato su molti .... e abbiamo
trovato un .... molto interessante.

Alessio: Lo immagino, in Internet è facile fare le ricerche. Si trovano sempre molti ....

Tommaso: Sì, ma bisogna fare attenzione a non finire sui ...., sennò i professori non sono contenti che perdiamo tempo e ci danno un brutto .... sulla ....

E4 *Che cosa sta succedendo?*

Osserva le seguenti immagini e descrivi cosa stanno facendo i ragazzi. **G** → 6.1

E5 *Che lavoro!*

Eccoci a casa di Matteo e di Valeria. Tutti hanno molto da fare. Ma che cosa esattamente? Completa gli spazi vuoti con i seguenti verbi. **G** → 1.13, 1.14, 2.7, 4.3

parlare – cercare – giocare – guardare – fare – vestirsi – studiare (2 volte) – lavarsi – pettinarsi – perdere

Matteo è stufo di fare la sua ricerca su Casanova e chiede a sua sorella:

Matteo: Vale, che cosa ....?

Valeria: Ma .... per l'esame di tedesco, non vedi?

Matteo: E i nonni, dove sono?

Valeria: Il nonno è in camera e ...., la nonna, invece, è davanti allo specchio e ....

Matteo: Hai visto Enzo e Piero?

Valeria: Sì, uffa, ... a pallone in giardino.

E la mamma .... i capelli nel bagno di sopra ma se vede che non .... materiale per la tua ricerca e che .... tempo si arrabbia!

Matteo: Ah, senti Vale, gli zii .... di nuovo di politica, che noiosi che sono!

Valeria: Bè, la più fortunata rimane Elisabetta che non ha esami e non deve studiare.

Matteo: Già, che bello. Lei .... il suo telefilm preferito alla televisione.

Arriva la mamma.

Madre: Ehi, voi due, perché non ....?

E6 *Non fate capricci!*[1]

La mamma di Matteo e di Valentina stasera va a teatro. Ecco cosa dice di fare/ non fare ai suoi figli. Metti l'imperativo, la forma positiva o negativa. **G** → 3.3, 3.4, 3.5

1. Non .... (uscire) di casa!
2. Matteo, non .... (lasciare) le scarpe da ginnastica all'ingresso quando torni dallo stadio e .... (finire) la ricerca per domani!
3. Matteo e Valentina, ... (accendere) il forno[2] a 180 gradi e poi .... (fare) due pizze. .... (lasciare) le pizze nel forno per 20 minuti.
4. Per favore, non .... (mangiare) sul divano e non .... (mettere) la maionese sulla pizza.
5. Matteo, ... (bere) acqua e non coca cola, per favore! Dopo .... (lavare) i piatti!
6. Valentina, ... (aiutare) tuo fratello, se è necessario.
7. Non .... (guardare) la televisione fino a tardi!
8. Non .... (andare) a dormire dopo le dieci.

E7 *I compiti*

Pia stamattina è stata a casa perché non si è sentita bene. Nel pomeriggio telefona alla sua compagna di banco per sapere i compiti per il giorno dopo. Completa il dialogo. Metti i verbi all'imperativo. **G** → 3.3

- Pronto
- Ciao, sono Pia.
- Ciao Pia, come stai?

[1] Non fate capricci!: *Seid brav, artig!;* [2] il forno: *Herd*

- Meglio, grazie ma mi puoi dire i compiti che hanno dato stamattina a scuola?
- Certo. Per matematica, ... (dovere) fare l'esercizio 22 a pagina 30.
- Mmm, posso chiederti un favore? Posso copiare gli esercizi da te? Io non capisco niente di matematica.
- .... (copiare) tutto da me. Tu però, ... mi (passare) il commento della poesia d'italiano, ti prego!
- Ovvio, ... (accendere) subito il computer, che ti mando il mio testo.
- Non posso, ho il computer rotto.
- Allora .... (prendere) un quaderno e .... (ascoltare) che te lo detto[1].
- Grazie, sei un tesoro. E di compiti, non abbiamo più niente da fare?
- Sì, ... (studiare) bene le parole di tedesco. C'è un compitino di vocaboli la prossima settimana. E per la prossima lezione di chimica, ... (scrivere) il commento sull'esperimento che abbiamo fatto in classe.

E8 *In ufficio*

La Signora Bianchi lavora in banca. Ecco le istruzioni che lascia su un foglietto al suo segretario prima di andare a casa. Scegli tra i verbi seguenti e completa i suoi appunti con i verbi all'imperativo di cortesia. **G** → 6.2, 6.3

controllare - portare - andare - leggere - perdere - mandare - dare - stare - finire - spegnere - chiudere

Signor Rossi, La prego, prima di andare via:

✓ .... attento e .... le ultime e-mail
✓ .... di ordinare la scrivania
✓ .... gli orari del treno per Roma
✓ .... alla posta
✓ non .... ancora le lettere per la famiglia Rondi
✓ .... via le tazze sporche[2] di caffè
✓ non .... i documenti della Signora Casciano
✓ .... il computer
✓ .... il mio numero di cellulare alla Signora Pini
✓ .... le finestre

[1] dettare: *diktieren;* [2] le tazze sporche: *schmutzige Tassen*

E9 *Ma come si dice?*

Lukas è da poche settimane in Italia e non ha ancora imparato come deve parlare con il suo professore. Correggi le sue richieste usando la forma di cortesia. **G** → 6.2, 6.3

- ▷ lasciami andare in bagno, per favore!
- ▷ non mi far sedere nel primo banco!
- ▷ parlami più lentamente, per favore!
- ▷ non mi dare tutti questi compiti, ti prego!
- ▷ portami indietro il mio diario, per favore!
- ▷ non mi interrogare[1] quando non alzo la mano, ti prego!
- ▷ dimmi che cosa ho sbagliato!
- ▷ ma insomma, professore, aiutami, per favore!

E10 *Il compito di classe*

Completate il dialogo con i pronomi indiretti. **G** → 6.4

Ragazzi: Professore che cosa .... ha portato oggi?

Professore: .... ho riportato i compiti in classe di storia corretti.

Ragazzi: Come sono andati?

Professore: Non molto bene.

Matteo: Ma prof, io non ho ancora il libro per studiare. Ho dovuto studiare tutto sul quaderno.

Professore: Mi dispiace, Matteo. Non .... posso regalare il mio libro. Non hai ancora chiesto il libro a tua cugina?

Matteo: Sì, ma .... ha dato il libro sbagliato! Io, allora, ... ho telefonato ma non ha più risposto.

Professore: Oggi andiamo avanti col libro. Pia, per favore, ... dai il tuo libro e leggete insieme?

E11 *Niente va bene*

Completa con le forme dei pronomi indiretti, atoni e tonici. **G** → 6.4

1. I ragazzi vedono il professore e .... chiedono come sono andati i compiti in classe.
2. Il professore è triste per i ragazzi perché non porta .... buone notizie.
3. Matteo ha telefonato a sua cugina per chieder.................... il libro di storia.
4. Matteo pensa: il mio compito è andato male perché mia cugina .... ha dato il libro sbagliato.
5. Quando Matteo ha telefonato a sua cugina, lei non .... ha risposto.
6. Pia pensa: che noia Matteo, tu sei poco attento e io devo sempre prestar.................... il mio libro.

[1] interrogare: *abfragen*

7. I professori dicono: se non studiate di più, non chiedete.................... di accompagnar.................... in gita scolastica.

E12 *Un brutto intervallo per Matteo*

Completa con le forme dei pronomi diretti e indiretti. **G** → 6.4

Nell'intervallo Pia parla con la sua amica Giulia di Matteo:

Pia: Sono stufa di dar....................sempre il mio libro. Poi lui non .... aiuta mai quando ho bisogno io.

Giulia: Hai ragione, non .... dà mai i compiti di matematica.

Pia: Io ho un'idea. Non .... invitiamo alla nostra festa di compleanno.

Giulia: Hai ragione, così impara a ringraziar..................... Siamo le uniche nella classe che .... aiutiamo sempre.

Matteo, che ha sentito le ragazze:

Pia, Giulia, perché non .... parlate più? Cosa .... ho fatto di male? Aspettate....................! Dove andate? Vengo con voi.

E13 *Una giornata a casa da soli*

La madre di Alessandro e di Elisa deve andare via molto presto per lavoro. Ecco cosa dice ad Alessandro. Riformula le frasi, sostituendo la parte sottolineata, come nell'esempio. **G** → 6.4, 6.5

Modello: Controlla Elisa mentre fa i compiti ma non aiutare <u>Elisa</u> a fare gli esercizi di matematica.
Controlla Elisa mentre fa i compiti ma non aiutarla a fare gli esercizi di matematica.

1. Non aiutare Elisa a fare la ricerca. Deve fare <u>la ricerca</u> da sola.
2. Prima di uscire, prepara la colazione a Elisa e fa <u>ad Elisa</u> un panino per il pranzo.
3. Va' ad aspettare Elisa fuori da scuola e porta <u>Elisa</u> dal dentista.
4. Telefona alla zia Giovanna e ringrazia <u>la zia</u> per il bel regalo di compleanno.
5. Ti ricordi dei fiori? Porta <u>i fiori</u> alla cugina Piera quando vai a trovare <u>la cugina Piera</u> in ospedale.
6. Ricordati di telefonare ai nonni e chiedi <u>ai nonni</u> se vengono a mangiare da noi domenica.
7. Ecco il mio numero di cellulare. Telefona <u>a me</u> se hai bisogno di aiuto.

E14 *Tanti fratelli e sorelle. Che scuola frequenta chi?*

Ti ricordi i tipi di scuola che ci sono in Italia? Abbina le persone al tipo di scuola (asilo nido, asilo infantile, scuola elemantare, scuola media, scuola superiore, università). Attento all'età!

Federico (3 anni), Filippo (20 anni), Luisa (5 anni), Giuliana (11 anni), Irene (8 anni), Diletta (15 anni).

T2 Quando penso alla scuola ...

E1 *La tua scuola è su facebook*

Una tua compagna di classe ti ha invitato al gruppo facebook della tua classe. Così potete condividere opinioni e discutere dei problemi della scuola anche su Internet. Decidi di iscriverti.
Scrivi un breve testo e spiega che cosa non ami della scuola e cosa invece ti piace.

E2 *Tra amiche ...*

Completa il dialogo fra Elena e Gianna e inserisci i seguenti aggettivi al posto giusto:

migliore – preferito – ideale – necessario – stufo – libero – attento – strano – noioso

Gianna: Ciao Elena, come stai?

Elena: Benissimo, sono veramente felice. Oggi la prof ci ha dato i compiti di matematica corretti e ho preso otto.

Gianna: Beata te!

Elena: Bè, la matematica mi piace moltissimo. È la mia materia ....

Gianna: Io invece sono .... di tutta questa matematica.

Elena: Ma dai, devi solo stare .... quando la prof spiega e poi non è così difficile. E poi è una materia .... se si vogliono capire meglio la fisica e la chimica.

Gianna: Ma, questo lo dici tu, veramente. Secondo me è solo una materia ....

Elena: Non essere così triste. Ho un ottimo sito da consigliarti per ripassare.

Gianna: Lo guardo subito appena arrivo a casa. Desidero tanto avere un voto .... entro la fine dell'anno.

Elena: Ora vado, sono di corsa. Sei .... domani pomeriggio? Così ci troviamo e studiamo insieme.

Gianna: Ottima idea. Studiare insieme è la soluzione .... Poi beviamo una cioccolata calda e ti racconto del mio .... incontro con Matteo.

Elena: A domani.

Gianna: Ciao, a domani.

E3 *Che brutta giornata a scuola*

Tornato a casa Fabrizio racconta a sua madre che ha passato una bruttissima giornata a scuola. Completa le frasi con: non ... né ... né – non ... ancora – non ... nessuna (2) – non ... neanche – non ... per niente – non ... nemmeno – non ... niente **G** → 6.8

1. Oggi .... abbiamo studiato .... materia interessante.
2. La matematica per esempio .... è .... utile.
3. .... ci è .... piaciuta storia dell'arte che di solito è molto bella.
4. .... c'è .... di più noioso della fisica.
5. Il professore .... ci ha .... spiegato questo esercizio. Ora come facciamo a fare i compiti?
6. Per fortuna sabato prossimo siamo in vacanza e .... abbiamo .... lezione.
7. Uffa, quest'anno .... siamo .... andati in gita. Ma cosa abbiamo fatto di male?
8. .... vogliamo fare il compito in classe .... oggi, ... domani. Ci siamo stufati di fare un compito in classe dopo l'altro.

E4 *Ahi, ahi, la pagella!*

Giorgio ha ricevuto la pagella del primo quadrimestre ed è preoccupato. I suoi compagni cercano di aiutarlo ma lui non li vuole ascoltare e risponde male. Completa le risposte di Giorgio con le negazioni. **G** → 6.8

1. Ma dai, puoi ancora recuperare sia storia che filosofia.

   Non è vero, non posso recuperare ....
2. Il professor Spina ha fatto di tutto per aiutarti.

   Non è vero, ...
3. Tutti i professori si preoccupano sempre per te.

   Non è vero, ...
4. Ma hai sempre capito tutto di matematica. Cosa ti è successo?

   Ma cosa dite? Di matematica ....
5. Domani e dopodomani cominciano le ripetizioni.

   Devo andare in ospedale e non posso venire ....
6. Ma dai, tu però hai già studiato per l'esame di informatica.

   Ma cosa dite? ....
7. Se studi per i prossimi compiti in classe, può andare tutto bene.

   Non ci credo, secondo me ....

E5 *Come vai a scuola?*

Due amici si incontrano mentre rientrano a casa. Hanno appena ricevuto la pagella. Cosa si dicono? Riordina le domande e le risposte.

1. Sì, allo scritto e all'orale. A maggio la mia classe partecipa allo scambio con Magonza.
2. Allora in tedesco hai tutti otto?

3. Ciao Giacomo, come va? Anche tu hai ricevuto la pagella?
4. Ora vado, devo studiare per il compito in classe di fisica.
5. Come mai? Cosa c'è che non va? Hai voti insufficienti?
6. E ti lamenti? Io ho un cinque in matematica, invece.
7. Le materie scientifiche non mi piacciono. Vado bene nelle lingue.
8. Ma va, ma se sei il secchione della classe. Come è possibile?
9. Che bello. Noi invece non possiamo andare perché abbiamo già organizzato la gita a Venezia.
10. Non è male Venezia. Non sei contento?
11. No, ma non ho ricevuto neanche un otto, ho tutti sei e sette.
12. Ok, io invece ho molti compiti a casa di matematica per domani. Odio la matematica!
13. Sì, purtroppo, e non sono per niente contento.
14. Sì, sì, ma così non posso conoscere le belle ragazze bionde tedesche.

E6 *Una classe modello*

Gli insegnanti della classe di Giorgio sono severi e non sono contenti degli studenti della 3C. Nella 3B invece è tutto diverso. Metti le affermazioni dei professori alla forma positiva e scrivi le frasi nel tuo quaderno.

1. Non studiate nessuna materia. Gli studenti della 3B invece ....
2. Quando spieghiamo, non ascoltate mai niente.
3. Nessuno di voi è interessato allo scambio culturale con la Francia.
4. Non vi ricordate più le lezioni della settimana scorsa.
5. Non siete mai attenti.
6. Non avete ancora preparato nessuna delle vostre ricerche.
7. Non fate mai i compiti a casa.
8. Non siete ancora ragazzi responsabili.

E7 *La scuola è finita, finalmente!*

Fate una scenetta.

Studente A
Hai appena terminato il quarto anno del liceo linguistico e hai ricevuto la pagella. Ce l'hai fatta e sei molto contento. Il prossimo anno, finalmente, è l'ultimo. Per la strada incontri un tuo amico che ha appena finito l'ultimo anno nel tuo stesso liceo. Parlate della scuola e delle materie in cui siete o non siete portati. La matematica, proprio non la capisci e la professoressa Nervi non spiega bene. Forse stai antipatico alla professoressa d'italiano Tallina che ti ha dato solo un sei.

Studente B
Hai appena terminato il quinto anno del liceo linguistico e hai ricevuto la pagella. Hai finalmente finito il liceo. Per strada incontri un tuo amico che frequenta la stessa scuola ma è un anno più giovane di te. Parlate della scuola, delle materie in cui siete o non siete portati. La matematica ti piace abbastanza e la professoressa Nervi spiega bene. La professoressa d'italiano Tallina invece dà voti bassi di solito ma tu sei contento perché hai preso sette.

T3 Test: Sei il cocco/la cocca degli insegnanti

E1 *Non sono il cocco della prof!*

I tuoi compagni ti accusano di essere il cocco/la cocca della prof, ma tu non sei assolutamente d'accordo e non vuoi che tutti ti odino. Rispondi con attenzione alle affermazioni.

Modello:
- Esci sempre per ultimo dall'aula per salutare il professore per ultimo.
- Non è vero, non esco mai per ultimo dall'aula.

1. Hai già studiato la lezione di geografia della prossima settimana.
2. Alzi sempre la mano durante le interrogazioni.
3. Non aiuti mai nessuno nei compiti in classe.
4. Non ci fai mai copiare niente, neanche i compiti a casa.
5. Il primo giorno di scuola ti siedi sempre nel primo banco.
6. Non odi niente della scuola: ti piace tutto! Sia l'italiano che la matematica.
7. Ieri hai offerto la torta a tutti i professori per il tuo compleanno.
8. Vieni ancora a scuola con lo zaino delle scuole medie. Sei ancora un bambino!

E2 *Vocabolario in quiz ...*

1. È da un po' di tempo che non vedi i tuoi compagni di scuola e hai comprato la nuova agenda. Che giorno è oggi? ....
2. Se sai rispondere subito, la domanda è ....
3. Sa sempre tutto e alza la mano ogni momento. Chi è?
   ....
4. Arriva di solito due volte l'anno e quasi tutti gli studenti la odiano. Che cos'è?
   ....
5. Le racconti tutto e hai un buon rapporto con lei. Chi è?
   ....
6. Sei una persona molto paziente e tutti dicono che hai ....
   ....
7. L'insegnante ti fa delle domande e devi rispondere ma non è un compito in classe. Che cos'è? ....
8. Anche se non è corretto lo fai quando non sai (fare) qualcosa.
   ....

E3 *Pensate molto alla scuola?*

14

Ascolta la conversazione di questa puntata della radio dedicata alla scuola e rispondi alle seguenti domande. Giustifica le tue risposte.

	vero	falso
1. Le ragazze frequentano la stessa classe.		
2. A loro non interessa copiare nei compiti in classe.		
3. Quando l'insegnante fa una domanda Anna alza sempre la mano per prima mentre Vanessa cerca di non farsi vedere.		
4. Giovanna risponde solo quando la interrogano.		
5. Giovanna e Anna non studiano nel pomeriggio. Hanno molto altro da fare.		
6. Anna qualche volta la domenica partecipa alle gare di nuoto.		
7. Vanessa studia molto ed è un'allieva modello.		

E4 *Definisci la scuola. Gara a gruppi*

Dividetevi a gruppi di tre/ quattro persone e pensate ad un acronimo[1] a partire da una delle seguenti parole: SCUOLA, STUDENTE, PAGELLA e PROFESSORE. Poi scrivetelo alla lavagna, confrontate le vostre proposte con quelle degli altri gruppi e che vinca il migliore!

E5 *A scuola col sorriso …*

Osservate il seguente disegno. Chi sono secondo voi le persone? Che cosa stanno facendo? Immaginate che cosa si possono dire e scrivete un breve dialogo. Per vedere poi la vera storia, guardate la chiave del libro.

[1] l'acronimo: *Akronym (aus den Anfangsbuchstaben mehrerer Wörter gebildetes Kurzwort)*

Kompetenzorientierte Aufgaben

E1 *Che brutta mattinata!*

15

Giorgio è appena rientrato da scuola e sta parlando con la sua mamma. Ascolta la conversazione e rispondi alle seguenti domande. Se è falso, giustifica le tue risposte.

	vero	falso
1. La mamma è soddisfatta del voto di matematica di suo figlio. Sa che non riesce a prendere di più.		
2. Nell'ora di tedesco Giorgio è stato interrogato e ha preso cinque.		
3. Ieri pomeriggio Giorgio non ha avuto tempo per ripassare la lezione, è stato dal dentista.		
4. La madre di Giorgio è molto arrabbiata che l'interrogazione di tedesco non sia andata bene.		
5. Domani nell'ora di chimica i ragazzi devono ripetere un esperimento in laboratorio.		
6. Giorgio dice che la prof di chimica è molto brutta.		

E2 *La scuola dell'obbligo*

In Italia il sistema scolastico è pubblico, cioè in gran parte gestito dallo Stato. Esistono però anche scuole e università private. Già a un anno di età i bambini possono essere mandati all'asilo nido, poi, dai tre ai sei anni, possono frequentare la scuola dell'infanzia, detta anche scuola materna.
A sei anni, i bambini entrano nel periodo dell'obbligo scolastico, cioè iniziano gli anni che per legge devono passare a scuola. Inizialmente ci sono cinque anni di scuola primaria detta anche elementare.
La scuola secondaria di primo grado, detta anche media, dura tre anni: quindi si frequenta dall'età di undici anni fino a quella di quattordici anni. Se i voti finali non sono buoni, lo studente può essere bocciato e costretto a ripetere l'anno scolastico.
Dopo il terzo anno, un esame certifica che lo studente può accedere alle scuole secondarie di secondo grado, dette anche scuole superiori. I primi due anni di queste concludono l'obbligo scolastico, che quindi in Italia dura dai sei ai sedici anni. Alle superiori ci sono diversi indirizzi scolastici che possono portare all'università oppure a un lavoro immediato.
Le suole superiori sono divise in tre categorie: licei, istituti tecnici e istituti professionali.

http://www.zanichellibenvenuti.it/wordpress/?p=2596

	vero	falso
1. La scuola italiana è solo pubblica.		
2. L'obbligo scolastico comincia a sei anni e dura fino ai sedici anni.		
3. La scuola media dura quattro anni.		
4. Se si rimane bocciati, si deve ripetere l'anno.		
5. Dopo la scuola media si passa direttamente alla scuola superiore senza dare alcun esame.		
6. Le scuole superiori sono divise in tre categorie.		

E3 *Un soggiorno studio a Perugia*

L'università di Perugia offre un soggiorno studio di due settimane in Italia per venti studenti tedeschi. Una tua amica italiana abita proprio a Perugia. Tu adori questa città e fai di tutto per vincere questa borsa di studio. Scrivi una lettera per partecipare alla selezione, mostra i tuoi risultati scolastici e spiega le tue motivazioni.

E4 *Lo scambio culturale*

Sei ospite in un liceo in Italia per alcuni mesi. La scuola sta organizzando una giornata di presentazione per i futuri studenti e ti ha chiesto di preparare un breve discorso per presentare i suoi progetti di scambio con l'Europa.
Prepara un breve discorso: presentati e parla della scuola nel tuo paese d'origine e spiega perché hai scelto di trascorrere qualche mese in un liceo in Italia.

E5 *Finalmente a pranzo!*

Tu e il tuo compagno italiano siete finalmente usciti da scuola. Sono le 13 di venerdì e avete molta fame ma solo un'ora di pausa prima di rientrare a scuola nel pomeriggio per un progetto sul cinema. Per la strada vedete i seguenti cartelli. Dove decidete di andare a mangiare? Fate un dialogo e trovate un accordo.

E6 *Ridiamoci su, a scuola con Pierino*

In Italia sono molto famose le barzellette[1] *sulla scuola con il protagonista Pierino. Eccone alcune.*

Pierino:
- Signora maestra, si può sgridare[2] qualcuno per una cosa che non ha fatto?
- No di certo!
- Bene, allora non ho fatto i compiti!

Pierino al compagno alla fine del compito in classe:
- Com'è andata?
- Male, ho consegnato il foglio in bianco!
- Maledizione anch'io; speriamo la maestra non pensi che abbiamo copiato!

La maestra:
- Pierino, dimmi due pronomi!
- Pierino: Chi? Io?

Voi ne conoscete qualcuna? Raccontatela ai vostri compagni.

[1] la barzelletta: *Witz;* [2] sgridare: *schimpfen*

In gita a Venezia

T1 In giro per Venezia

E1 *Scrivi la forma giusta del condizionale presente.*

	io	tu	lui/lei	noi	voi	loro
visitare	visiterei					
nuotare			nuoterebbe			
cercare					cerchereste	
difendere		difenderesti				
prendere				prenderemmo		
morire						morirebbero
partire	partirei					
spostarsi		ti sposte-resti				
avere					avreste	
essere		saresti				
andare				andremmo		
volere						vorrebbero
sapere	saprei					
fare			farebbe			
venire					verreste	

E2 *Immagina di essere in gita a Venezia. Che faresti?*

Le idee qua sotto ti possono aiutare. Usa sempre il condizionale presente.

partire con degli amici – cercare il Ponte di Rialto – prendere il vaporetto – andare in gondola – cantare con un gondoliere – mangiare un gelato – partecipare al Carnevale – comprare una maschera veneziana – attraversare il Canal Grande – visitare il Palazzo Ducale – andare per le calli – fare una passeggiata attraverso i sestieri – partire per Murano

E3 *A Venezia con la classe. Che confusione!!!*

Che consiglio daresti ai ragazzi? Rispondi usando il condizionale presente.

2.

Sono stanco!

1.

Non voglio attraversare tanti ponti! Che cosa mi consigli?

3.

Sono le sette. Siamo in ritardo!

Ho fame! Vorrei mangiare un dolce veneziano!

Voglio divertirmi!

Mi sono persa!

6.

Ho paura dell'acqua!

Vorrei fare un giro romantico a Venezia!

5.

4.

Modello: Al tuo/al vostro posto prenderei... (il vaporetto).

1. .... 4. ....

2. .... 5. ....

3. .... 6. ....

E4 *Chi trova le 16 parole nascoste?*

Tutte le parole sono vocaboli nuovi della lezione 7!

e	w	e	d	o	f	a	z	n	a	c	a	v	o	e
w	r	s	t	i	m	u	t	i	l	e	h	g	y	l
q	h	a	w	n	f	a	x	l	v	o	a	o	d	d
l	n	n	s	l	a	e	n	t	v	l	u	c	n	g
f	n	c	f	r	p	g	n	c	u	l	t	u	r	a
o	t	s	o	p	e	r	e	d	q	w	p	j	f	p
p	w	c	m	t	e	v	o	l	e	c	b	j	e	o
n	u	o	t	a	r	e	a	g	e	r	q	e	r	l
p	o	n	t	e	n	x	g	r	r	v	e	o	m	i
i	x	o	o	a	s	i	q	s	t	a	l	i	a	z
o	s	o	l	o	c	i	r	e	p	t	m	n	t	i
e	n	o	i	z	a	u	d	o	a	s	a	m	a	a
e	h	p	a	k	g	b	a	q	h	u	i	i	a	k
a	e	o	t	j	l	d	a	h	g	d	h	w	y	f
y	i	e	o	v	f	s	p	o	s	t	a	r	s	I

E5 *La famiglia Portinari a Venezia*

Damiano vorrebbe visitare Venezia con i suoi genitori. Che cosa potrebbero fare in questa città? Metti i verbi al condizionale presente!

La famiglia Portinari desidera visitare Venezia. Come potrebbe organizzare la sua gita?

In piazza Roma .... (lasciare) la macchina. I genitori .... (prendere) il vaporetto per San Marco. Damiano invece .... (preferire) andare a piedi. .... (fare) una passeggiata per le calli e .... (attraversare) il Ponte di Rialto. In piazza San Marco la famiglia .... (sentire) i venditori che gridano, offrono souvenir e vendono cartoline e guide della città. Insieme .... (visitare) la Basilica di San Marco.

Nel pomeriggio la famiglia .... (potere) fare tante cose diverse. La Signora Portinari per esempio .... (mangiare) un gelato e .... (fare) un romantico giro in gondola. Il Signor Portinari .... (comprare) una maschera veneziana e Damiano .... (visitare) Murano.

La sera .... (andare) insieme al teatro "La Fenice" e .... (vedere) *La traviata* di Giuseppe Verdi. Tutti .... (essere) felici e .... (ritornare) contenti a casa.

E6 *Quale consiglio daresti al tuo amico/alla tua amica?*

1. *Giulia sta male e ha bisogno di un'amica. Aiuta Laura a dare dei buoni consigli. Le idee qua sotto ti possono aiutare. Usa il condizionale presente!*

ascoltare la musica italiana preferita – fare i compiti insieme – ripetere inglese – parlare con i professori – esprimere la propria opinione – fare attenzione a scuola – non fare scherzi stupidi – incontrare gli amici – fare del teatro – discutere la tesi – partecipare allo scambio – essere più creativa

2. E tu? Qualche volta stai male e ti sorprendi a sognare ad occhi aperti? Che cosa vorresti cambiare a scuola oppure nella vita privata? Scrivi almeno cinque frasi:

E7 *Un'e-mail per Sara*

Immagina la situazione seguente: Sei Caterina e stai per fare uno scambio scolastico con Sara, una ragazza veneziana. Lei ti ha già scritto questa e-mail:

Da: Sara.Tedeschi@libero.it

Ciao Caterina!

Ti scrivo da Venezia. È una città bellissima! Oggi abbiamo preso il vaporetto per piazza San Marco.
Nel tragitto abbiamo percorso il Canal Grande e visto i palazzi più belli.
Arrivati in piazza San Marco, abbiamo visitato il Palazzo Ducale dove abbiamo seguito una visita guidata degli Itinerari Segreti. E domani visitiamo l'isola del vetro artistico - Murano!
Non vedo l'ora di venirti a trovare. Che cosa potrei visitare nella tua città?
Un bacione e un abbraccio. Ci sentiamo presto.
Sara

Adesso tocca a te: Scrivi una risposta a Sara e racconta quello che lei potrebbe fare nella tua città. Usa almeno cinque forme del condizionale presente.

Da: ....

A: Sara.Tedeschi@libero.it

T2 *E dove si mangia a mezzogiorno?*

E1 *Fare spese: cruciverba*

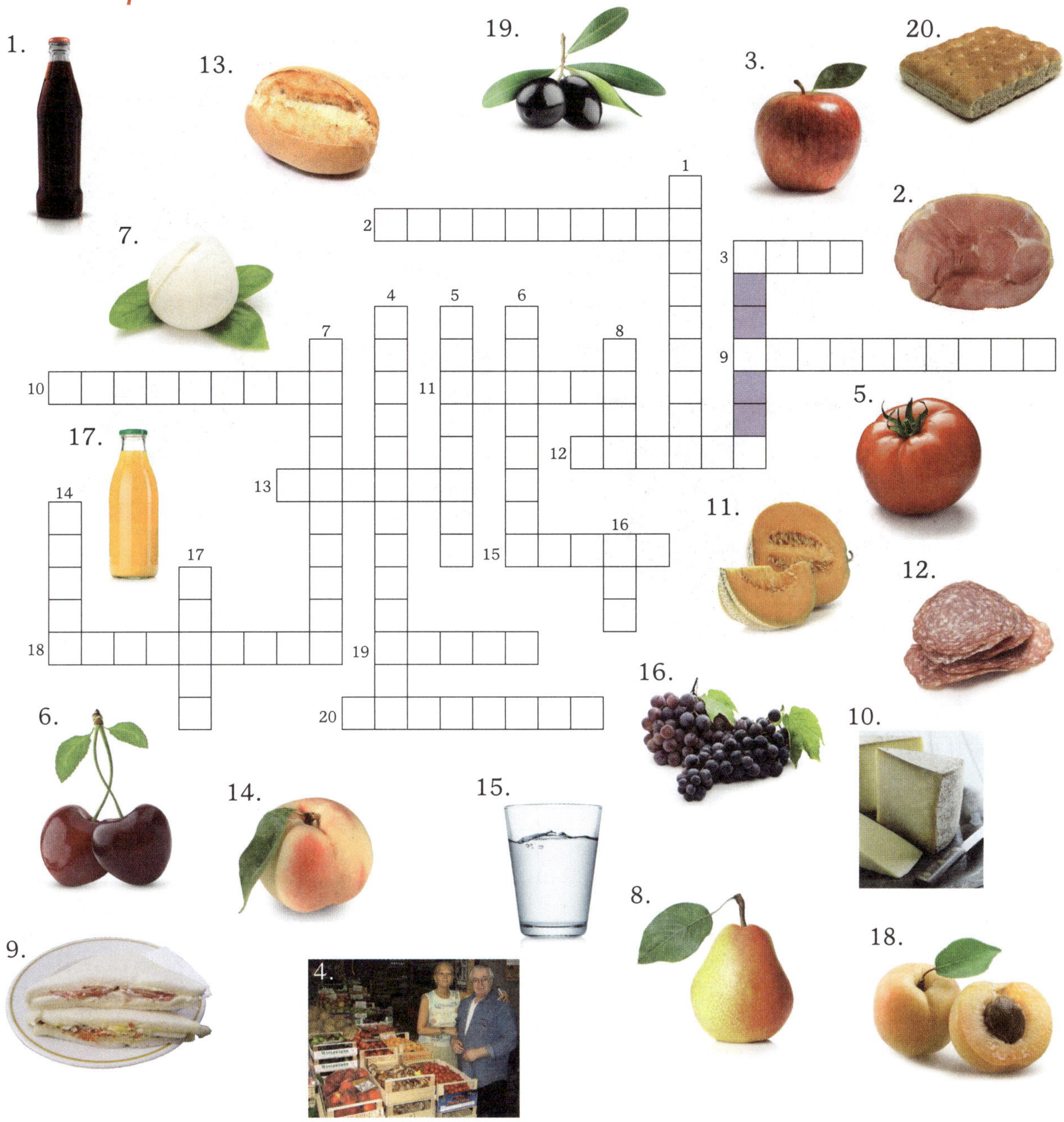

E2 *Edoardo e Federica hanno fatto la spesa.*

Che cosa hanno comprato? I numeri si riferiscono ai prodotti dell'esercizio 1.

Modello: ▷ 1. due
Hanno comprato due bottiglie (di coca cola).

▷ 2. 100 g
▷ 3. 1 kg
▷ 5. 1/2 kg
▷ 6. 2 kg

▷ 7. 200 g
▷ 8. 3 kg
▷ 11. 1
▷ 14. 1/2 kg

▷ 15. 2 bottiglie
▷ 17. 2
▷ 18. 1 kg
▷ 19. 100 g

E3 *Dove hanno fatto la spesa?*

Scrivi in che negozio i ragazzi hanno comprato i prodotti dell'esercizio 1. Le foto qua sotto ti possono aiutare.

1.

2.

3.

4.

E4 *Vorrei comprare ...*

Metti una X.

del	dello	dell'	dei	degli	della	delle	
							pane
							carne
							piselli
							acqua
							patate
							biscotti
							zucchero
							frutta
							spaghetti
							cipolle

E5 *Vorrei delle pere!*

Completa le frasi con l'articolo partitivo. **G** → 7.3

1. Mangio .... frutta.
2. A Venezia ho comprato .... dolci.
3. Oggi incontro .... fruttivendoli.
4. Vogliamo .... pere.
5. Mi serve .... cioccolata.
6. Bevo .... acqua minerale.
7. Per la macedonia compro sempre .... banane.
8. Oggi abbiamo .... albicocche freschissime.

→ ***Faccia a faccia – In salumeria ... per un antipasto misto (pag. 94)***

E6 *Venezia!*

*Completa con la particella **ne** o **ci**.* **G** → 7.2, 7.6

Se amate una città costruita sull'acqua, ... dovete andare in estate. Non .... sono strade, ma tanti canali e piccole vie che si chiamano "calli". Tutti i turisti che .... arrivano in macchina, per prima cosa cercano un parcheggio in piazzale Roma. Qui .... sono i vaporetti che vanno in città. Chi .... abita di solito va a piedi.

Preferite le bellezze dell'arte? Qui .... potete vedere molte. E se volete delle frittelle, ... trovate a Burano.

Infine un consiglio: Se ci andate in autunno, compratevi degli stivali di gomma, forse .... avrete bisogno!

E7 *Vuoi andare a Venezia? Sì, ci voglio andare.*

*Rispondi alle domande usando **ci** o **ne**.* **G** → 7.2, 7.6

1. Vai al mercato con Laura? (Sì) Sì, ci vado
2. Matteo vuole un chilo di mele? (No) ....
3. Sei rimasto in farmacia? (No) ....
4. Mangi troppa carne? (Sì) ....
5. Giulia è andata in macelleria? (No) ....
6. Volete comprare due chili di ciliegie? (Sì) ....
7. Sei entrata in salumeria? (No) ....
8. Vuoi un etto di mortadella? (Sì) ....

E8 *Al mercato: molto, poco, tanto …*

Metti la forma giusta degli aggettivi indefiniti. **G** → 7.5.1

1. Oggi ho venduto .... frutta! (molto)
2. La Signora Portinari ha comprato .... verdura. (poco)
3. Non posso pagare. Ho .... soldi. (poco)
4. Al mercato di Venezia ci sono sempre .... turisti. (tanto)
5. .... mele sono fresche. (molto)
6. Ho .... fame. Compriamo delle pere? (tanto)
7. Questi pomodori sono .... cari! (molto)
8. Hai mangiato .... ciliegie! (troppo)

→ **Faccia a faccia – Fara spese (pag. 95)**

E9 *A Venezia*

Traduci le frasi. Usa i pronomi indefiniti. **G** → 7.5.1, 7.5.2

1. In Venedig gibt es viele Restaurants. Viele sind aber teuer.
2. Viele Touristen besichtigen Venedig, aber wenige kaufen etwas.
3. In Burano würde ich gerne etwas Süßes kaufen.
4. Viele Schüler können Italienisch, aber einige bevorzugen Englisch.
5. Alle haben Hunger und möchten etwas essen.
6. Ist gestern etwas passiert?

E10 *Scusi …?*

Questo prete si è perso. Puoi aiutarlo a trovare la strada giusta per la Basilica di San Marco? Segui le indicazioni.

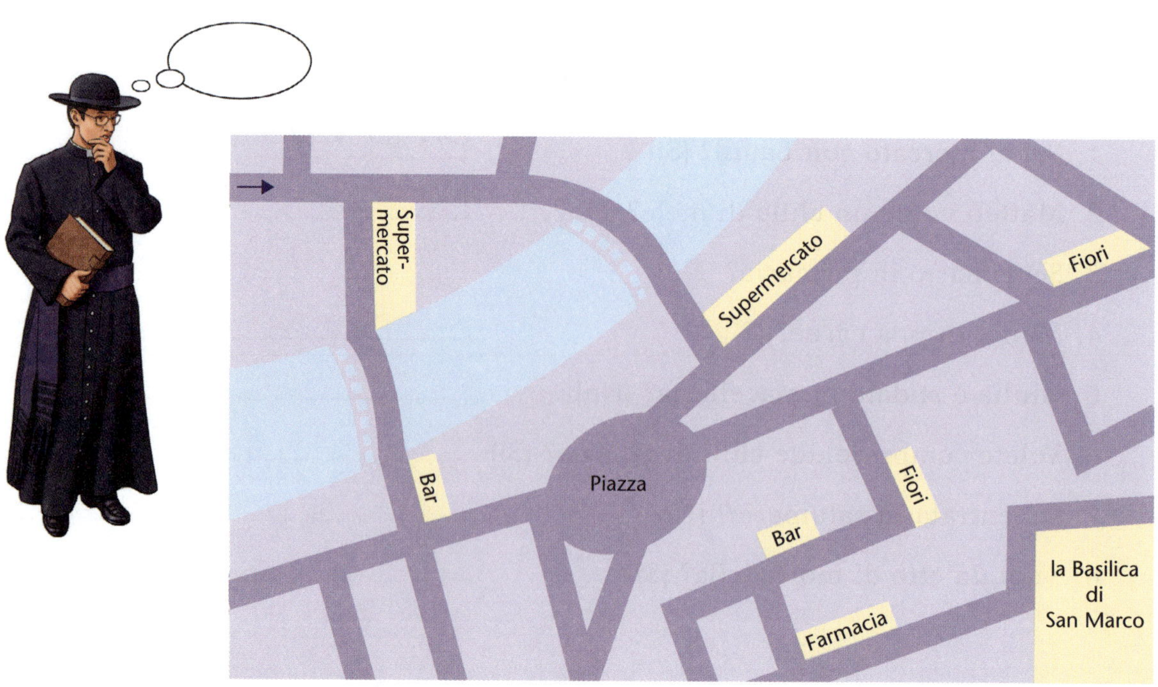

E11 *Spiegare la strada a qualcuno*

Lavorate in due. Usate l'imperativo e l'indicativo. A inizia e spiega la via a B.

A: Sei alla stazione. Vuoi andare prima in piazza San Marco, poi al teatro "La Fenice" ed alla fine sul Ponte dell'Accademia.

B: Sei in piazzale Roma. Vuoi andare prima sul Ponte di Rialto, poi visitare il Palazzo Ducale e alla fine vedere la chiesa Santa Maria dei miracoli.

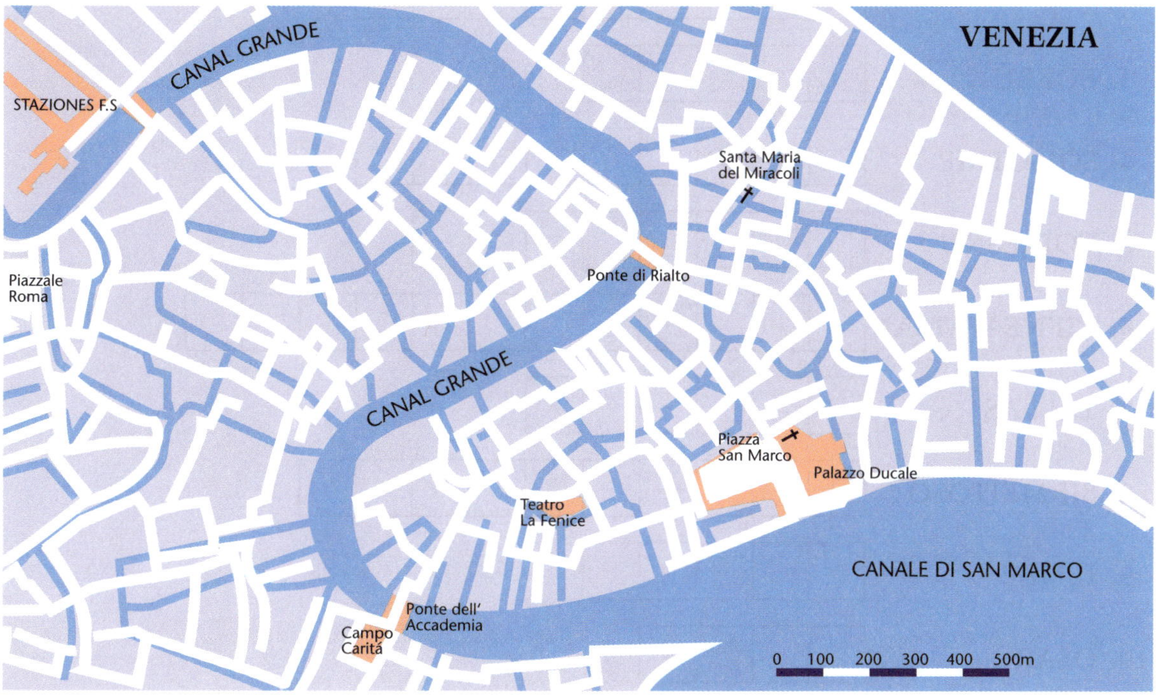

E12 *Al mercato*

Scrivete un dialogo.

Situazione

Persona B
Sei un ragazzo/una ragazza.
Vuoi fare una macedonia con mele, pere, uva, ciliegie. Allora compri della frutta. Ma le ciliegie costano troppo. Che cosa dici al fruttivendolo?

Situazione

Persona A
Sei il fruttivendolo.
Vuoi vendere le tue mele. C'è anche una mela marcia. Viene una signora che desidera comprare due chili di mele. Che bello! Che cosa fai?

T3 Veneziani famosi

E1 *Trova la parola giusta. Chi è il personaggio famoso?*

1. ICHOCO
2. MECAMRAIN
3. BOFRU
4. SOISOTRIP
5. VOIRESNU
6. CIFNEAFATSAN
7. TELLAS
8. SIRMEITOSO
9. ILMEE
10. OSAR
11. DOASIAPR
12. NONIEFR
13. IRGEPGEO
14. NASAI
15. RATEUO
16. BOOLIMS
17. MAIPANOTZR
18. TIVCOTA
19. TEETAARCR

1	2	3	4	5	6	7

8	9	10	11	12	13	14	15

E2 *C'è una città più bella di Venezia? No!*

Paragona. **G** → 7.8

1. Il paradiso – l'inferno (bello)
2. Cristoforo Colombo – Giacomo Casanova (vecchio)
3. L'universo – le stelle (affascinante)
4. La rosa – il tulipano (profumato)
5. Il miele – la mela (dolce)
6. Carlo Goldoni – Tintoretto (spiritoso)
7. La volpe – la farfalla (furbo)
8. Venezia – Genova (misteriosa)

E3 *Più ... di? Più ... che? ... come/quanto?*

Completa con ***di, che*** *oppure* ***come/quanto****.* **G** → 7.8.1, 7.8.2

1. In francese, Matteo è peggiore .... Maria.
2. Mi piace di più andare al cinema .... andare al bar.
3. Mia sorella è alta .... me.
4. Meglio oggi .... domani!
5. Giulia è sportiva .... Federica.
6. Fa più freddo a Milano .... a Napoli.
7. La macchina è migliore .... quella.
8. Il pomodoro è fresco .... la zucchina.

E4 *L'Italia – il superlativo relativo*

1.→ ***Faccia a faccia – Il superlativo relativo (pag. 96)***
2.Traduci. **G** → 7.8.3

1. Der bekannteste Maler ist Michelangelo.
2. Der höchste Berg ist der Monte Bianco.
3. Die größte Insel ist Sizilien.
4. Die kleinste See ist der Luganer See.
5. Die ältesten Kirchen sind in Rom.
6. Die beliebtesten Gerichte sind Spaghetti und Pizza.
7. Die beliebteste Sportart ist der Fußball.
8. In Italien gibt es das beste Eis.

E5 *Al mercato – tutto al superlativo assoluto!*

1.fresco	2.amaro	3.buono	4.dolce	5.profumato	6.cara	7.grande	8.piccolo

1. L'albicocca è ....
2. ....
3. ....
4. ....
5. ....
6. ....
7. ....

Continua. **G** → 7.8.4

Kompetenzorientierte Aufgaben

16

E1 *In pasticceria Riolfo*

Edoardo e Matteo sono a Burano. Ascolta il testo e decidi se le frasi sono vere o false.

	vero	falso	non si sa
1. Edoardo e Matteo sono in un supermercato.			
2. Vogliono comprare una torta.			
3. La torta al cioccolato costa 40 €			
4. La torta di mele non è cara.			
5. Signor Riolfo ha dei dolci tipici veneziani.			
6. Matteo e Edoardo comprano 30 dolci.			
7. Oggi è il compleanno di Maria.			

E2 *Il Carnevale di Venezia: mediazione*

All'edicola la tua amica italiana Laura vede un articolo sul Carnevale di Venezia. Ti chiede di riassumere il contenuto.

Karneval von Venedig beginnt mit Engelsflug

Unter strahlend blauem Himmel hat sich am Sonntag beim traditionellen „Volo dell'angelo", dem Engelsflug des Karnevals von Venedig, eine junge Schöne vom Campanile auf den Markusplatz geschwungen. In einer Konfettiwolke stürzte sich die 22-Jährige vom 99 Meter hohen Glockenturm unter brausendem Beifall in die maskierte Menge. Der Engel ist in diesem Jahr die 22-jährige Bianca Brandolini D'Adda – eine Großnichte des Fiat-Magnaten Gianni Agnelli.

„Ein Markusplatz, der auch die venezianischen Familien erfreut", schwärmten die Organisatoren. Aber auch Tausende von Touristen wandelten bereits in dem blumigen Garten um die riesige, grüne Statue des geflügelten Markuslöwen, dem Wahrzeichen der Stadt. Die floreale Magie scheint Erfolg zu haben: Von über 75 000 begeisterten Kostümfans berichteten italienische Medien am Sonntag.

„Carnevale di Venezia", das klingt den Narren in aller Welt wie Musik in den Ohren. Die meisten denken an aufwendige Masken, prunkvolle Kostüme: Der venezianische Mummenschanz[1] hat sich jedoch verändert. Nach dem Motto „Sensation – 6 Sinne für 6 Stadtviertel" sieht das Programm keine Masken in den offiziellen Umzügen mehr vor und will die karnevalsmüden Einwohner von Venedig stärker einbeziehen. Jedes Stadtviertel hat einen bestimmten Sinn zugeteilt bekommen, wobei der „6. Sinn" – der Geist samt seiner Vorstellungskraft – dem Viertel San Marco zugeordnet wurde, dem Herzen der Stadt rund um den Markusplatz.

[1] der Mummenschanz: *Maskenfest*

Als einen Höhepunkt der Karnevalstage präsentierte der künstlerische Leiter Marco Balich diesmal ein Spiel: Bei dem „Carnivalia" getauften Amüsement können Besucher sich in einer Art Schnitzeljagd durch die Lagunenstadt bewegen. Dabei entdecken sie auf den Spuren des legendären Frauenhelden Casanova venezianische Geschichte und Geschichten rund um das Fest der Verkleidung.

Sonntag, 07.02.2010, 16:35 (abbreviato)
dpa Ein Engel in Venedig: Bianca Brandolini D'Adda.

Le domande seguenti ti possono essere d'aiuto:

1. Dove viene inaugurato il Carnevale di Venezia?
2. Come inizia il Carnevale a Venezia?
3. Qual è il programma del Carnevale?
4. Qual è il gioco ufficiale?

Espressioni utili:
der Glockenturm: il campanile; das Konfetti: i coriandoli; das Wahrzeichen: l'emblema (m.); das Maskenspiel/-fest: la festa in maschera; die Schnitzeljagd: la caccia al tesoro

E3 *Venezia: comprensione di testo*

Salvare Venezia

Venezia sarà sommersa[1] dal mare? E quando? Da decenni il mondo è con il fiato sospeso[2] per la sorte[3] della città lagunare. I numeri parlano chiaro: nel secolo scorso il suolo[4] è sprofondato[5] di ben 23 cm. Più di 250 volte all'anno l'acqua invade[6] Piazza San Marco, il punto più basso di Venezia, sommergendola completamente. In media[7] 7 volte all'anno la marea arriva a 100 cm. Storico fu[8] il livello raggiunto il 4 novembre 1966, quando il mare salì[9] a 194 cm. Gli allagamenti[10] dipendono da due cause concomitanti[11]: l'innalzamento[12] del livello del mare, detto 'eustatismo' e l'abbassamento[13] del livello del suolo, detto 'subsidenza'. Anche a causa del cosiddetto 'effetto serra'[14], negli ultimi anni il fenomeno è diventato più frequente. Cosa fare allora? Dopo anni di discussioni e idee più o meno utopiche, nel novembre 2002 è partito il progetto denominato[15] MOSE (Modulo Sperimentale Elettromeccanico), per difendere[16] la laguna dalle maree nelle bocche di porto[17] di Lido, Malmocco e Chioggia. La durata complessiva degli interventi, studiati nel rispetto dell'equilibrio ambientale[18], sarà di 8 anni.
I lavori, coordinati dal Ministero delle Infrastrutture e dei Trasporti e dal Magistrato alle Acque attraverso il Consorzio Venezia Nuova, prevedono la costruzione di dighe[19] mobili poste a difesa delle bocche di porto, che entrano in funzione[20] in caso di maree superiori ai 110 cm. Il sistema è semplice: le paratoie[21] disposte a schiera[22] sono piene di acqua e giacciono[23] sul fondale. Quando la marea sale, dell'aria compressa[24] spinge fuori l'acqua dalle paratoie. Queste si sollevano[25] e bloccano così il flusso delle maree. Accanto a quest'opera grandiosa è in atto il restauro della pavimentazione di Piazza San Marco con il risanamento della parte sottostante.

[1] sommerso, a: *überflutet;* [2] con il fiato sospeso: *mit angehaltenem Atem;* [3] la sorte: *Schicksal;* [4] il suolo: *Boden, Grund;* [5] sprofondare: *absinken;* [6] invadere: *überschwemmen;* [7] in media: *durchschnittlich;* [8] fu: *3. Pers. Sg. Passato remoto von essere: war;* [9] salì: *3. Pers. Sg Passato remoto von salire: stieg;* [10] l'allagamento: *Überschwemmung;* [11] cause concomitanti: *zusammenwirkende Ursachen;* [12] l'innalzamento: *Anstieg;* [13] l'abbassamento: *Absinken;* [14] l'effetto serra: *Treibhauseffekt;* [15] denominare: *nennen;* [16] difendere: *schützen;* [17] la bocca di porto: *Hafenmündung;* [18] l'equilibrio ambientale: *Umweltgleichgewicht;* [19] la diga: *Deich;* [20] entrare in funzione: *zum Einsatz kommen;* [21] la paratoia: *Schleuse;* [22] disporre a schiera: *in eine Reihe setzen;* [23] giacere: *ruhen, sich befinden;* [24] l'aria compressa: *Pressluft;* [25] sollevarsi: *sich erheben*

Segnala con una crocetta se le affermazioni sono vere o false.

	vero	falso
1. Piazza San Marco e il punto più alto di Venezia. riga/righe:		
2. Gli allagamenti dipendono dalle dighe. riga/righe:		
3. Il progetto MOSE vuole salvare Venezia. riga/righe:		
4. Le dighe mobili sono sempre in funzione. riga/righe:		
5. La basilica di San Marco è restaurata. riga/righe:		

E4 *Preparare la prova orale I*

a. Un monologo:

1. Descrivi la foto.
2. Come si festeggia il Carnevale a Venezia?
3. Che titolo si potrebbe dare a questa foto?

b. Un dialogo:
Sei un turista a Venezia. In un bar incontri un veneziano che vuole sapere come festeggi tu il Carnevale. Immagina un dialogo fra voi due. (Il tuo partner svolge il ruolo del veneziano.)

E5 *Preparare la prova orale II*

a. Un monologo:

1. Descrivi la foto.
2. Quali sono le conseguenze dell'acqua alta a Venezia?
3. Che titolo si potrebbe dare a questa foto?

b. Un dialogo:
Immaginate di essere le persone che vedete nella foto. Fate il dialogo.

E6 *Una pubblicità per Venezia*

Sei un impiegato di un'agenzia viaggi. Scrivi un testo pubblicitario per la città di Venezia.

Roma

T1 Vivere a Roma

E1 *Cruciverba: Mesi e stagioni*

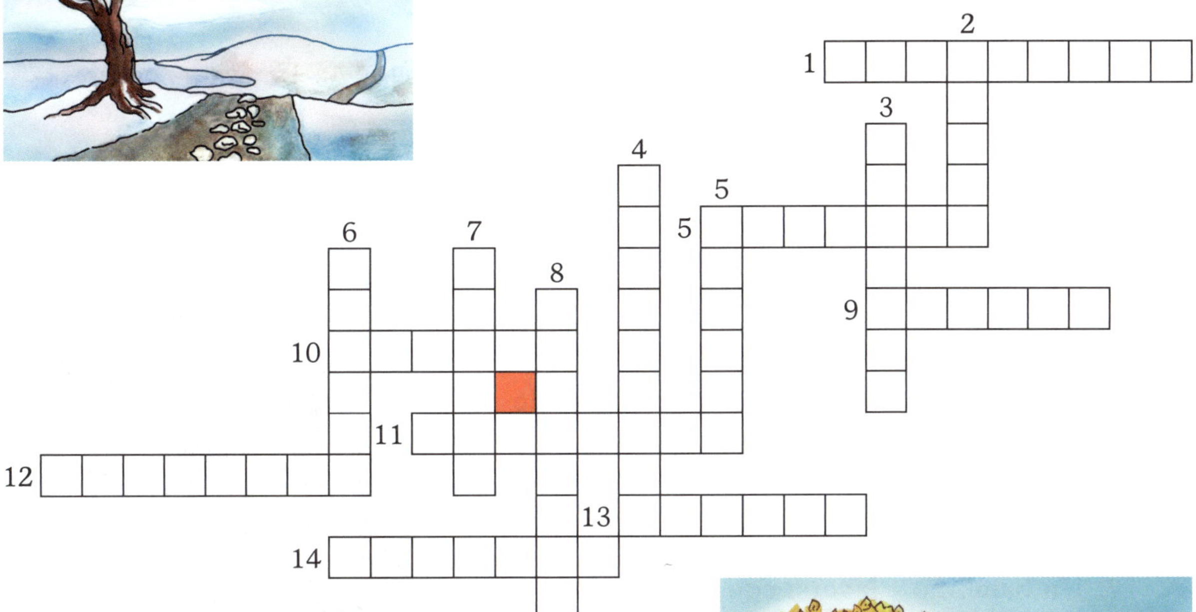

orizzontali

1. la stagione in cui ci sono tanti fiori
5. la stagione in cui cadono le foglie degli alberi
9. il mese delle vacanze si chiama così
10. il sesto mese dell'anno
11. il mese in cui festeggiamo Natale
12. il secondo mese dell'anno
13. la stagione in cui fa caldo
14. il decimo mese dell'anno

verticali

2. il terzo mese dell'anno
3. il primo mese dell'anno
4. in Italia comincia l'anno scolastico
5. il mese dopo marzo si chiama così
6. il quinto mese dell'anno
7. dopo giugno c'è questo mese
8. il penultimo[1] mese dell'anno

[1] penultimo, -a: *der/die vorletzte*

E2 *Filastrocca: I mesi*

Completa le frasi con il mese appropriato. Poi metti i vagoni nell'ordine giusto.

Il treno dei mesi ha dodici vagoni, ogni vagone porta cose buone ...

Gennaio ha nevicato ...

a casa tutti

col Natale!

ed ... la scuola non conosco

col buon vino

mascherato

vedo male

un po' freddino

un po' più bello

fiori e frutti

con l'ombrello

fonte: http://maestrainfanzialaura.blogspot.de/2010/01/una-canzoncina-per-imparare-i-mesi.html

E3 *Che cosa è successo ieri alla Fontana di Trevi?*

Metti il passato prossimo. **G** → 5.2

1. Una ragazza inglese – mangiare un gelato.
2. Un signore americano – fare una foto.
3. Due signori anziani – mettersi a discutere proprio davanti alla fontana.
4. Alcuni giovani – divertirsi a gettare delle monete nella fontana.
5. Una signora – far cadere la sua borsa nella fontana.
6. Due ragazzi innamorati – baciarsi.
7. Un bambino – lavarsi con l'acqua della fontana.
8. Alcuni signori – vendere degli oggetti turistici.
9. Un ladro[1] – rubare il portafoglio ad un signore.
10. Un musicista – suonare la chitarra – e cantare una canzone italiana.
11. Molti turisti – girare intorno alla fontana.
12. A una giovane coppia – piacere le spiegazioni della guida turistica.

E4 *La giornata di un tassista romano*

Inserisci i verbi al passato prossimo. **G** → 5.2

Ieri il tassista Mario .... (alzarsi) alle cinque e mezza. .... (fare) colazione al bar "Giolitti", vicino al Parlamento. Lì .... (incontrare) il primo cliente che .... (portare) alla stazione. Poi

[1] il ladro: *Dieb*

.... (aspettare) davanti alla stazione. Dopo un po' è arrivato un gruppo di giovani. Mario li .... (portare) al Colosseo. Ma lì, una ragazza del gruppo .... (cambiare) idea. Allora Mario .... (fare) la strada fino a piazza di Spagna. Solo che questo posto non .... (piacere) subito a due altre ragazze del gruppo. Alla fine .... (decidere, loro) di voler andare a San Pietro. Quando .... (arrivare, loro) lì, ... (chiedere, loro) a Mario di aspettare un attimo. In un primo momento, il tassista non .... (capire). Dopo dieci minuti, i ragazzi .... (tornare) con una borsa di plastica enorme. .... (salire) in macchina, ... (aprire) la borsa e .... (cominciare) a mangiare dei pezzi di pizza enormi! A Mario .... (venire) fame. Per di più, la situazione non gli .... (piacere) per niente. .... (dire, lui) ai ragazzi: "Non si mangia nel mio taxi!" E allora cosa .... (succedere)? I ragazzi .... (scendere) tutti quanti dal taxi … senza pagare. "Che giornata!" .... (pensare) il povero Mario.

E5 *Posti a Roma*

*Cerca 12 posti e due statue che si trovano a Roma. Sono tutti stati menzionati nel T 1 del libro **In piazza**!*

C	D	T	U	T	I	W	M	X	F	L	B	L	U	O
O	L	R	M	X	N	R	Z	H	O	F	Q	U	G	I
M	V	A	P	I	A	Z	Z	A	N	A	V	O	N	A
M	U	S	E	I	C	A	P	I	T	O	L	I	N	I
P	J	T	N	Q	I	P	F	O	A	N	C	E	O	C
T	J	E	O	R	T	E	I	P	N	A	S	T	T	A
R	H	V	X	X	A	D	P	P	A	M	B	N	T	M
U	U	E	A	Z	V	J	E	A	D	O	B	O	E	P
O	I	R	A	N	I	P	S	N	I	R	O	O	H	I
Z	O	E	I	U	E	I	Q	T	T	O	X	C	G	D
C	O	L	O	S	S	E	O	H	R	R	Q	O	J	O
Z	P	S	C	G	U	P	J	E	E	O	E	A	B	G
M	D	Y	W	E	M	D	T	O	V	F	C	L	N	L
B	M	V	U	C	F	H	P	N	I	K	J	W	C	I
A	N	G	A	P	S	I	D	A	Z	Z	A	I	P	O

E6 *Roma, città eterna*

Inserisci le parole seguenti:

tedeschi - Colosseo - piazza di Spagna - turisti - uno spettacolo - il Foro Romano - fiori - San Pietro - la città eterna - la Fontana di Trevi - ha rubato - monetine - è sceso - triste - il Papa - un viaggio - uno scherzo - i soldi rubati

Alessio racconta: L'anno scorso sono andato a Roma con la mia classe e il mio prof d'italiano. Mi ricordo ancora benissimo il momento dell'arrivo: che emozione vedere ....! La prima sera, siamo andati tutti in .... per vedere la famosa scalinata piena di .... Lì abbiamo incontrato tanti giovani di altri paesi, ma anche molti ....
Il giorno dopo, domenica, siamo andati a .... dove .... ha celebrato la messa.
Lunedì abbiamo visitato la Roma antica. Abbiamo dunque visto .... È difficile immaginarsi che questo una volta era il centro politico di tutto l'impero! Naturalmente siamo entrati anche nel ...., luogo di divertimento per tanti romani, ma anche luogo di morte per i gladiatori. Oggi ci sono i "nuovi gladiatori", cioè dei giovani travestiti da[1] gladiatori che si fanno pagare dai .... per farsi fotografare insieme a loro sullo sfondo del Colosseo.
La sera, il prof ci ha portato alla fontana più famosa di tutta la città: .... Secondo lui, vedere questo monumento è .... Così abbiamo preso l'autobus. Purtroppo, proprio sull'autobus, qualcuno .... il portafoglio … al mio prof d'italiano! Quando .... dall'autobus, ha fatto una faccia molto .... Comunque siamo andati alla fontana, e lì il mio compagno Matteo ha fatto ....
Ha detto: "Prof, guardi un po' tutte queste .... dentro la fontana. Se tutta la classe fa un salto[2] dentro, possiamo darLe ...." Per fortuna, nessuno ha messo in pratica l'idea di Matteo! Ma il nostro prof ha cominciato a ridere e ha detto: "Grazie, Matteo! Vedi che .... a Roma è sempre un'avventura[3]!"

[1] travestito, -a da: *verkleidet als;* [2] fare un salto dentro: *hineinspringen;* [3] l'avventura: *Abenteuer*

T2 Un'infanzia a Roma

E1 Le forme dell'imperfetto

Inserisci le forme dei verbi nella tabella. **G** → 8.3.1, 8.3.2

infinito	1. sg.	2. sg.	3.sg.	1.pl.	2.pl.	3.pl.
						erano
				avevamo		
fare						
	dicevo					
					capivate	
			amava			
		volevi				

E2 Una storia d'amore

Giacomo e Federica sono una coppia. Ma come si sono conosciuti? Scopri la loro storia d'amore. Inserisci le forme corrette dell'imperfetto e del passato prossimo. **G** → 8.3.3

Giacomo .... (essere) un bel ragazzo, con gli occhi azzurri e i capelli castani. Tutti i pomeriggi, dopo la scuola .... (lavorare) nel negozio di moda del padre in via dei Condotti.

Un giorno, quando .... (fare) molto caldo a Roma, ... (entrare) una bellissima ragazza. Giacomo .... (volere) essere gentile e l'........................ (salutare) con un sorriso. La ragazza .... (sembrare) una modella, ... (portare) un vestito elegante e .... (piacere) tanto a Giacomo!

La ragazza .... (fare) un giro nel negozio, poi .... (scegliere) una maglietta. Quando l'........................ (pagare), Giacomo .... (essere) troppo nervoso per darle il suo numero.

Fortunatamente Federica .... (tornare) qualche giorno più tardi per cambiare la maglietta perché .... (essere) troppo piccola.
E così la ragazza .... (dare) il suo numero a Giacomo!
I due .... (uscire) a mangiare una pizza insieme il giorno dopo, e .... (innamorarsi) subito!

E3 *Perché era successo in quel modo?*

Ieri Enrica ha vissuto una brutta giornata. Ma perché? Metti il trapassato prossimo.
G → 8.4

L'altro ieri, prima di andare a letto, Enrica .... (bere) un bicchiere di latte. Ma durante la notte non .... (riuscire) a dormire bene, perché aveva mal di pancia. Siccome .... (dormire) poco, si è svegliata tardi. Le ragazze che vivevano con lei .... (uscire) dall'appartamento per andare all'università Roma Tre. Enrica ne era contenta, così poteva usare il bagno subito. Ma che brutta sorpresa! Le ragazze .... (fare la doccia) e .... (lasciare) il bagno sporco e con gli asciugamani[1] per terra!
Dopo la doccia Enrica voleva fare colazione, ma le ragazze .... (finire) il latte. Così Enrica ha preso il caffè senza latte, visto che lei non .... (fare) la spesa il giorno prima.
Alla stazione dell'autobus Enrica si è accorta che .... (dimenticare) l'abbonamento[2] a casa. Uffa!
Nel frattempo[3] in ufficio[4] il capo .... (chiedere) di lei perché c'era molto da fare. Enrica ha lavorato tanto, e la sera è tornata a casa molto tardi. Le ragazze le .... (scrivere) un bigliettino: "Ciao Enrica, siamo in discoteca. Vieni anche tu? Baci". Ma non c'è stato niente da fare: siccome .... (stancarsi[5]) tanto in ufficio, Enrica è andata a letto presto.

[1] l'asciugamano: *Handtuch;* [2] l'abbonamento: *Zeitkarte;* [3] nel frattempo: *in der Zwischenzeit;*
[4] l'ufficio: *Büro (vgl. engl. office);* [5] stancarsi: *sich ermüden;*

E4 *Una vacanza sfortunata*[1]

1. *Questa è una lettera di protesta che un gruppo di turisti ha scritto al direttore dell'agenzia che aveva organizzato il loro viaggio a Roma. Completa con le forme del passato (passato prossimo, imperfetto, trapassato prossimo).* **G** → 5.2, 8.3, 8.4

Egregio Direttore,

siamo appena ritornati da un viaggio a Roma organizzato dalla Vostra agenzia. Nel programma .... (essere) incluso un soggiorno[2] di due settimane in un albergo di lusso[3]. Purtroppo, però, la vacanza non .... (andare) bene. .... (esserci) subito dei problemi: quando .... (arrivare/noi), ... (vedere/noi) subito che l'albergo non .... (essere) vicino al Colosseo come ci .... (dire/voi) al momento della prenotazione. Infatti, per arrivare al centro storico, ogni giorno .... (dovere) prendere la metro. .... (chiedere/noi) delle spiegazioni, ma il direttore del Vostro albergo non ci .... (rispondere).
Così la nostra vacanza non .... (essere) un riposo, ma uno stress.
Perciò chiediamo il rimborso[4] del 50% del prezzo del viaggio.
Distinti saluti,

Iolanda Franchi

2. *Hai avuto anche tu un'esperienza simile? O forse la tua vacanza è stata così bella che senti il desiderio di ringraziare? Scegli una delle due situazioni e scrivi una lettera di protesta o di ringraziamento.*

E5 *Parla con me o con lui?*

Completa la tabella con il pronome oggetto tonico. **G** → 8.5.1

Ad Alessio piace tanto parlare! Così...

1. sg.	parla con *me*	1. pl.	parla con ...
2. sg.	parla con ...	2. pl.	parla con ...
3. sg.	parla con *lui* parla con ... parla con ...	3. pl.	parla con ... parla con ...

[1] sfortunato, -a: *senza fortuna, dt. glücklos;* [2] il soggiorno: *Aufenthalt;* [3] il lusso: *Luxus;* [4] il rimborso: *Rückerstattung*

E6 *Chiacchiere tra amici*

Inserisci il pronome oggetto tonico adatto. **G** → 8.5.1

Michela e Andrea incontrano i loro amici Anna e Amerigo in Campo de' Fiori.

Michela: Ciao ragazzi!

Amerigo: Ciao belli! Questo regalo è per .... (2. pl.)

Andrea: Grazie! Ma come mai fate un regalo a .... (1. pl.)?

Anna: Non hai parlato con .... (3. pl.), Amerigo? Ci ha detto Franco che vi siete fidanzati[1] ieri. Auguri!

Michela: Siete gentilissimi e i fiori sono bellissimi, grazie! Che fate stasera? Perché non venite con .... al cinema? (1. pl.)

Amerigo: Sarebbe un'idea carina, ma mi aspetta mio fratello, è venuto a trovarmi da Genova.

Anna: Ha fatto tutto il viaggio da Genova a Roma solo per passare un fine settimana con .... (3. sg.)!

Andrea: Peccato, facciamo un'altra volta allora.

Michela: Per .... (1. sg.) possiamo prendere almeno un aperitivo insieme, che ne dite?

Anna: Ottima idea! Veniamo volentieri con .... (2. pl.), dove ci portate?

Michela: Conosco un posto carino vicino al Colosseo, ha aperto da poco.

Amerigo: Andiamo!

[1] fidanzarsi: *sich verloben*

T3 Qual è la piazza più bella?

E1 *Fare una presentazione: Le piazze di Roma*

Scegli la tua piazza preferita a Roma. Informati sulla sua storia, architettura, tradizioni ecc. Prepara un poster da presentare in classe. Puoi lavorare insieme al tuo vicino di banco.

E2 *La storia del successo di Cristiano*

Metti al passato! Usa il passato prossimo, l'imperfetto e il trapassato prossimo.
G → 5.2, 8.3, 8.4

Cristiano Rossi .... (abitare) in un piccolo paese vicino a Roma dove .... (esserci) poche offerte per il tempo libero. I giovani .... (potere) guardare la TV, andare al bar in paese o giocare a calcio. Spesso Cristiano .... (annoiarsi) da morire.

Quando .... (avere) quattordici anni, suo padre gli .... (regalare) una chitarra e Cristiano .... (decidere) di prendere lezioni. Con i suoi amici .... (cercare) un posto dove .... (potere) incontrarsi per suonare.

Dopo qualche mese loro .... (conoscere) una signora che gli .... (offrire) di suonare in un paio di concerti. Già al primo concerto i ragazzi .... (avere) un successo enorme.

Prima .... (dare) concerti in provincia, poi in tutta l'Italia e poi .... (andare) anche all'estero, per esempio in Germania. Finalmente .... (presentarsi) anche negli Stati Uniti. A ventiquattro anni, Cristiano e i suoi amici .... (essere) abbastanza ricchi. Cristiano .... (avere) un appartamento a Roma e una Fiat 500. Ma per lui, la cosa più bella .... (essere) la chitarra che suo padre gli .... (regalare) 14 anni prima.

Con la chitarra .... (imparare) i primi accordi, ... (fare) il primo concerto nel suo paese e .... (sognare) di diventare una star.

Kompetenzorientierte Aufgaben

E1 *Roma, la capitale senza limiti*

Due cappuccini in un bar del Centro Storico di Roma sono stati fatti pagare 8 euro l'uno, pari al 566% in più del costo medio, stabile sull'1,20 euro. E a quanto pare non erano nemmeno buoni. La denuncia arriva dall'Adoc[1], che ha già provveduto a informare la Guardia di Finanza. "È assolutamente inaccettabile", ha commentato Carlo Pileri, presidente dell'Adoc. "Si tratta di un'evidente truffa ai danni dei consumatori[2], che abbiamo prontamente denunciato anche al Comune di Roma". Purtroppo questi episodi continuano ad aumentare, con il 60% degli stranieri che paga, almeno una volta, molto di più di quanto dovuto, soprattutto coloro che, come i giapponesi, hanno l'ulteriore difficoltà della lingua. "Nella maggior parte dei casi - continua Pileri - le truffe si verificano presso i bar del Centro, che oltre a chiedere prezzi troppo alti offrono anche un prodotto qualitativamente poco buono e un servizio alla clientela assolutamente deficitario. Chiediamo al Comune di attivare da subito una task force, con la collaborazione delle Associazioni dei consumatori, che faccia controlli continui sui gestori dei bar capitolini, con la finalità di mettere fine a quest'odioso fenomeno che danneggia sia i consumatori sia l'immagine della Capitale".

fonte (articolo leggermente adattato): http://www.liberoquotidiano.it/news/876663/Roma-la-Capitale-senza-limiti-due-cappuccini-costano--16-euro.html 24/11/2011.

1. *Comprensione del testo: Vero o falso? Segna con una crocetta e giustifica la tua risposta indicando una riga del testo.*

	vero	falso
1. In tutti i bar del centro di Roma il costo del cappuccino è più alto quest'anno. riga/righe		
2. Normalmente a Roma si paga 1,20 € per un cappuccino. riga/righe		
3. L'Associazione per la difesa del consumatore ha già informato le autorità della città. riga/righe		

2. *Scegli la risposta giusta. Metti una crocetta e indica la riga che conferma la tua scelta.*

1. Il rischio di pagare troppo caro il proprio caffè
   - ☐ c'è in tutti i bar del Comune di Roma.
   - ☐ c'è semmai[3] nei bar del Centro.
   - ☐ non c'è solo a Roma.

   riga/righe ....

2. I bar che chiedono un prezzo troppo alto
   - ☐ non offrono né caffè buono né servizio accettabile.
   - ☐ non offrono un caffè più buono, ma il servizio è accettabile.
   - ☐ offrono un caffè più buono e anche un servizio migliore.

   riga/righe ....

[1] Adoc: *Associazione per la difesa e l'orientamento dei consumatori;*
[2] la truffa ai danni dei consumatori: *Betrug zu Lasten der Verbraucher;* [3] semmai: *allenfalls, eventuell*

3. *Completa le frasi. Puoi usare le parole del testo.*

   1. Le persone che sono più a rischio di pagare troppo nei bar sono

      ....

   2. Per cambiare la situazione, il Comune di Roma dovrebbe

      ....

E2 *Un giorno libero a Roma*

1. Lavora da solo/a. Sei in gita scolastica a Roma e hai un giorno libero. Che cosa faresti nel tuo tempo libero a Roma? Prendi appunti.
2. Lavora con un partner. Raccontatevi cosa fareste nel vostro tempo libero a Roma.
3. Fate un progetto per una giornata a Roma in due.
4. Presentate la vostra giornata ideale in classe.

E3 *Quale film scegliere?*

In classe volete vedere un film ambientato a Roma.

Fase 1:	**Fase 2:**	**Fase 3:**
A prepara il primo film. B prepara il secondo film.	A presenta il suo film. B presenta il suo film.	A e B parlano e decidono quale film vedere in classe.

Materiale A

GENERE: Commedia, Romantico
REGIA: **William Wyler**
PAESE: USA 1953
DURATA: 118 Min
FORMATO: B/N

CRITICA:
"La bella favola di Cenerentola rovesciata con garbo e sciroppo da William Wyler, insolitamente in versione sentimentale, proprio lui abituato ai romanzoni forti ('Ben Hur'). Audrey Hepburn, delizioso grissino premiato con l'Oscar (insieme con il soggetto ed i costumi), fa il verso non senza malizia alla vera principessa che a quei tempi impazzava sui settimanali rosa, Margaret d'Inghilterra. Gregory Peck è giovane, tenero, carino e un tantino fesso: si accontenta di un bacio. Per lo meno in scena". (Massimo Bertarelli, 'Il Giornale', 14 aprile 2003)

NOTE:
3 Oscar 1953: miglior soggetto, miglior attrice protagonista e migliori costumi.

fonte: http://www.comingsoon.it/Film/Scheda/Trama/?key=22358&film=Vacanze-romane

Materiale B

GENERE: Commedia, Documentario
REGIA: **Ettore Scola**
PAESE: Italia 2003
DURATA: 93 Min
FORMATO: Colore HD TRASFERITO IN 35 MM.

CRITICA:

"Non è un film perfetto, 'Gente di Roma'. Scegliendo una forma aperta, frammentata, Scola sembra divagare. Invece gira e rigira intorno a due o tre ossessioni che danno forza all'insieme. I vecchi e i giovani. La tolleranza della capitale, e il razzismo invisibile, insidioso. I romani di ieri e quelli di domani, che saranno di un altro colore ma hanno già assorbito la 'filosofia' della città.
In 'Gente di Roma' Scola ci invita a un gran giro in autobus della Capitale. Senza mai perdere la vena, il cronista coglie un tale numero di attimi fuggenti da rendere impossibile enumerarli tutti. (...)

NOTE:

Nastro d'argento 2004 ad Arnoldo Foa' come miglior attore non protagonista.

fonte: http://www.comingsoon.it/Film/Scheda/Trama/?key=42154&film=GENTE-DI-ROMA

E4 *Gente di Roma*

Scegli una delle immagini. Descrivi quello che si vede. Chi sono le persone? Scrivi una storia.

E5 *Che cosa pensano i romani di Roma?*

17 – 20

1. *Prima dell'ascolto: secondo voi, che cosa pensano i romani di Roma?*
2. *Durante l'ascolto: compilate la tabella. Quali sono gli aspetti positivi, quali quelli negativi di Roma?*

	Aspetti positivi	Aspetti negativi
Ragazzo		
Signora		
Ragazza		

3. *Dopo l'ascolto: Immaginate di chiamare Radio Roma e date la vostra opinione sui commenti fatti nel programma di Stefano Riscossa. Presentate la telefonata.*

E6 *Musica italiana: una mediazione*

Stai leggendo un articolo della rivista "Ciao". Un amico italiano ti chiede di riassumerlo per lui. Riassumi le informazioni più importanti in italiano. Gli appunti sotto il testo ti aiutano.

Italienische Musik, die Einblicke in die menschliche Seele gewährt

Wenn man darüber nachdenkt, welche italienischen Musiker einem breiteren deutschen Publikum bekannt sind, dann stellt sich vermutlich schnell die ernüchternde Erkenntnis ein, dass sich jene Popularität lediglich auf massentaugliche Sänger wie Eros Ramazzotti, Zucchero, Laura Pausini und vielleicht noch Gianna Nannini beschränkt. Andererseits sind italienische Rockstars wie Vasco Rossi und Ligabue in Deutschland zwar nicht gänzlich unbekannt, allerdings haben sie hierzulande keinen Megastar-Status.

Dabei hat Italien musikalisch wesentlich mehr zu bieten: Hierbei sind Künstler wie Mina, Gino Paoli, Lucio Battisti, Giorgio Gaber und vielleicht noch Francesco de Gregori und Francesco Guccini hervorzuheben. Kaum ein anderer italienischer „cantautore" – abgesehen von dem wohl bekanntesten, einflussreichsten und genialsten seiner Art, nämlich Fabrizio de André – hat vermutlich mit solch eigenwilliger, ironischer und anti-konformistischer Art polarisiert und die hegemoniale politische Klasse karikiert wie Rino Gaetano.

Es wirkt wie eine Reise zurück in die Kindheit, zu den kalabresischen Wurzeln Rino Gaetanos, dessen Eltern aus Arbeitsgründen mit ihm von Crotone nach Rom zogen als Rino zehn Jahre alt war. Seine Musik trägt stets Bewegung in sich, eine jugendliche Aufbruchsstimmung, die häufig in einer „beswingten" Verbindung aus Rock und Reggae-Elementen vorgetragen wird. Vermutlich beschreibt kein anderer Song von ihm so ironisch diese dichotome Stimmung vom Erträumen eines anderen Lebens und gleichzeitiger Konstatierung einer mangelnden Möglichkeit jener Realisierung der gesetzten Ideale wie "E io ci sto" von seinem gleichnamigen, letzten Album (1980):

"Si dice che in America tutto è ricco tutto è nuovo, / puoi salire in teleferica / su un grattacielo e farti un uovo, / io cerco il Rock'n Roll al bar e nei metro / cerco una bandiera diversa senza sangue sempre tersa / Ma ci ripenso però, mi guardo intorno per un po' / E mi accorgo che son solo, / In fondo è bello però, il mio Paese e io ci sto." Rino Gaetano

Es ist das Gefühl von geistiger Verbrüderung und Solidarität, das Rino Gaetano zu einem der interessantesten "cantautori" macht, der weder textlich noch musikalisch mit dem Strom schwimmt und somit dem Hörer immer ein Lächeln aufs Gesicht zaubern wird.

Quelle: ciao-magazin.de

essere anticonformista
l'atmosfera
ironico, -a
la casta politica
piacere a tutti ≠ piacere a pochi
il rock
il reggae
l'anima

Faccia a faccia

Liebe Schülerinnen und Schüler,
In den ***Faccia a faccia***-Übungen arbeitet ihr immer zu zweit zusammen. Dazu wird die Seite in der Mitte entlang der senkrechten Linie gefaltet, wenn ihr mit einem Buch arbeitet. Arbeitet ihr mit zwei Büchern, wird jeweils die Hälfte des Partners abgedeckt. Was im farbig unterlegten Feld steht, muss ausgeführt werden. Handelt es sich um eine Übersetzung oder Ergänzungsübung, so steht die Lösung beim Partner in Klammern. Nach einem Durchgang sollen die Rollen gewechselt werden.

Lezione 1

Plurale e numeri

Arbeitet zu zweit. Eine/r ist "A", der/die andere "B". Der Partner/Die Partnerin kontrolliert die Lösung und hilft oder verbessert, wenn es nötig ist. A beginnt.

Es geht um die richtige Pluralbildung der Nomen und die Zahlen bis 20.
Modello: anno – 12 → dodici anni

Partner A	Partner B
chiesa – 11	(undici chiese)
(cinque palazzi)	palazzo – 5
studente – 8	(otto studenti)
(due amiche)	amica – 2
negozio – 10	(dieci negozi)
(quattordici strade)	strada – 14
scooter – 16	(sedici scooter)
(tre pizze)	pizza – 3
gelato – 20	(venti gelati)
(diciotto biciclette)	bicicletta – 18

Lezione 2

Che cosa ti piace? – Mi piace/mi piacciono

Partner A	Partner B
Fahrrad fahren	(mi piace andare in bicicletta)
(mi piace il mare)	das Meer
die Mädchen	(mi piacciono le ragazze)
(mi piace telefonare con gli amici)	mit Freunden telefonieren

die Bar	(mi piace il bar)
(mi piacciono i libri)	die Bücher
Musik hören	(mi piace ascoltare la musica)
(mi piace guardare la TV)	fernsehen
das Erdbeereis	(mi piace il gelato alla fragola)
(mi piace giocare a tennis)	Tennis spielen
die Katzen	(mi piacciono i gatti)
(mi piace la pizza)	die Pizza

Lezione 4

Incontrare gli amici non è sempre così facile ...

I due amici Chiara e Federico non si sono visti da tanto tempo, perché hanno sempre tante cose da fare. Adesso sono al telefono per stabilire un incontro.
Lavorate in due. Uno è Chiara, l'altro Simone. Guardate l'orario della vostra persona e provate a organizzare un incontro.

Ecco l'agenda di Chiara:

<table>
<tr><th></th><th>lunedì</th><th>martedì</th><th>mercoledì</th><th>giovedì</th><th>venerdì</th><th>sabato</th><th>domenica</th></tr>
<tr><td>8-9</td><td></td><td rowspan="6">scuola</td><td rowspan="6">scuola</td><td rowspan="8">scuola</td><td rowspan="4">scuola</td><td></td><td></td></tr>
<tr><td>9-10</td><td></td><td rowspan="4">fare shopping con Marta</td><td></td></tr>
<tr><td>10-11</td><td rowspan="4">scuola</td><td rowspan="9">compleanno[1] della nonna</td></tr>
<tr><td>11-12</td></tr>
<tr><td>12-13</td><td></td></tr>
<tr><td>13-14</td><td>pranzo con papà</td><td></td></tr>
<tr><td>14-15</td><td></td><td></td><td></td><td></td><td></td></tr>
<tr><td>15-16</td><td></td><td></td><td>studiare</td><td rowspan="3">studiare</td><td></td></tr>
<tr><td>16-17</td><td></td><td rowspan="3">studiare matematica con Elena</td><td></td><td></td><td></td></tr>
<tr><td>17-18</td><td></td><td></td><td></td><td></td></tr>
<tr><td>18-19</td><td rowspan="3">sport</td><td></td><td></td><td></td><td></td></tr>
<tr><td>19-20</td><td></td><td></td><td></td><td></td><td></td><td></td></tr>
<tr><td>20-21</td><td></td><td>baby-sitter dai Garzelli</td><td>cinema con Elena</td><td>discoteca amici</td><td></td><td></td></tr>
</table>

[1] il compleanno: *Geburtstag*

Ecco l'agenda di Federico:

	lunedì	martedì	mercoledì	giovedì	venerdì	sabato	domenica
8-9	scuola	scuola	scuola	scuola		scuola	
9-10							
10-11					scuola		
11-12							
12-13							
13-14							
14-15							
15-16	portare a spasso Gigi			studiare biologia	portare a spasso Gigi		portare a spasso Gigi
16-17							
17-18							
18-19		allenamento di calcio			allenamento di calcio		
19-20							
20-21	cena		cena	cinema con Paolo		festa compleanno Valeria	cena

Lezione 7

In salumeria ... per un antipasto misto

Du wünschst der Kundin einen schönen Tag und fragst, was sie möchte.	(Buongiorno. Che cosa desidera?)
(Vorrei comprare del prosciutto. 300 grammi di prosciutto di Parma e 500 grammi di prosciutto cotto. Ha anche del salame?)	Du sagst, dass du gerne Schinken kaufen möchtest. 300 Gramm Parmaschinken und 500 Gramm gekochten Schinken. Du fragst, ob die Verkäuferin auch Salami hat.
Ja, hast du. Du fragst, wie viel sie davon möchte.	(Sì, quanto ne vuole?)
(Ne vorrei 200 grammi.)	Du antwortest, dass du gerne 200 Gramm möchtest.
Du fragst, ob die Kundin noch etwas möchte.	(Desidera altro?)
(Vorrei comprare delle olive.)	Du antwortest, dass du gerne noch Oliven hättest.

Du fragst, ob die Kundin grüne Oliven oder schwarze Oliven bevorzugt.	(Preferisce olive verdi o olive nere?)
(Prendo 100 grammi di olive verdi e 100 grammi di olive nere.)	Du nimmst 100 Gramm grüne Oliven und 100 Gramm schwarze Oliven.
Du fragst, ob die Kundin noch etwas möchte.	(Desidera altro?)
(Sì, vorrei ancora avere dei panini. Quant'è?)	Du bejahst und würdest gerne noch Brötchen haben. Du fragst nach dem Preis.
Das macht 20 €.	(Fa 20 €.)
(Ecco a lei. Arrivederci.)	Du bezahlst und verabschiedest dich.
Du wünschst der Kundin einen schönen Tag und bedankst dich.	(Buongiorno e grazie.)

Fare spese

Partner A	Partner B
Prendi dell'uva? (Sì, ne prendo un chilo.)	Sì, ... un chilo.
No, ...	Andate spesso al mercato? (No, non ci andiamo spesso.)
Hai pensato al succo di frutta? (No, non ci ho pensato.)	No, ...
Sì, ...	Vuoi del formaggio? (Sì, ne voglio un po'.)
Compri delle mele? (Sì, ne compro due chili.)	Sì, ... due chili.
No, ...	Vuoi venire con noi al bar? (No, non ci voglio venire.)
Signore, vende delle albicocche? (No, non ne vendiamo.)	No, ...
Sì, ... tre chili.	Prendete delle pere? (Sì, ne prendiamo tre chili.)
Sei stato al supermercato? (Sì, ci sono stato/a.)	Sì, ...
No, ...	Avete bisogno di zucchero? (No, non ne abbiamo bisogno.)
Comprate dei pomodori? (No, non ne compriamo.)	No, ...
Sì, ...	Avete pensato alla mozzarella? (Sì, ci abbiamo pensato.)
Hai voglia di andare in salumeria? (Sì, ne abbiamo bisogno.)	Sì, ...

No, ...	Parlate dell'offerta? (No, non ne parliamo.)
Prendiamo delle pesche? (No, non ne prendiamo.)	No, ...
Sì, ...	Vendete del prosciutto cotto? (Sì, ne vendiamo.)
Matteo e Laura sono andati in pasticceria? (Sì, ci sono andati ieri.)	Sì, ... ieri.
No, ...	Volete dell'acqua minerale? (No, non ne vogliamo.)
Avete comprato del prosciutto crudo? (No, non ne abbiamo comprato.)	No, ...
Sì, ...	Vai al negozio di generi alimentari? (Sì, ci vado.)
Mangiate un chilo di ciliegie? (Sì, ne mangiamo un chilo.)	Sì, ...
No, ...	Desiderate delle olive? (No, non ne desideriamo.)
Siete stati dal fruttivendolo? (No, non ci siamo stati.)	No, ...

L'Italia – Il superlativo relativo

Partner A	Partner B
Stromboli - vulcano - attivo	(Stromboli è il vulcano più attivo.)
(Sophia Loren è l'attrice italiana più famosa.)	Sophia Loren - attrice italiana - famosa
A Bologna - vecchia - università	(A Bologna c'è l'università più vecchia.)
(La Valle d'Aosta è la regione più piccola.)	La Valle d'Aosta - regione - piccola
A Verona - arena - conosciuto	(A Verona c'è l'arena più conosciuta.)
(Il parco nazionale più grande si trova in Calabria e in Basilicata.)	Il parco nazionale - grande - si trova - Calabria - Basilicata
A Venezia - ponte - famoso	(A Venezia c'è il ponte più famoso.)
(In Sardegna ci sono le spiagge più belle.)	In Sardegna - le spiagge - belle
A Milano - scarpe - eleganti	(A Milano si vendono le scarpe più eleganti.)
(La chiesa più alta è a Roma.)	A Roma - chiesa - alta